ISBN: 978-84-121008-4-6
Depósito Legal: CA-172-2020

1ª edición, abril de 2020.
Edita: Asociación Cultural Tántalo.
Colección Tántalo n.º 91.

Fotografía de portada: *Busto de Marco Aurelio,*
situado en el Museo Metropolitano de Arte de Nueva York.
Imagen de dominio público (Wikimedia Commons)

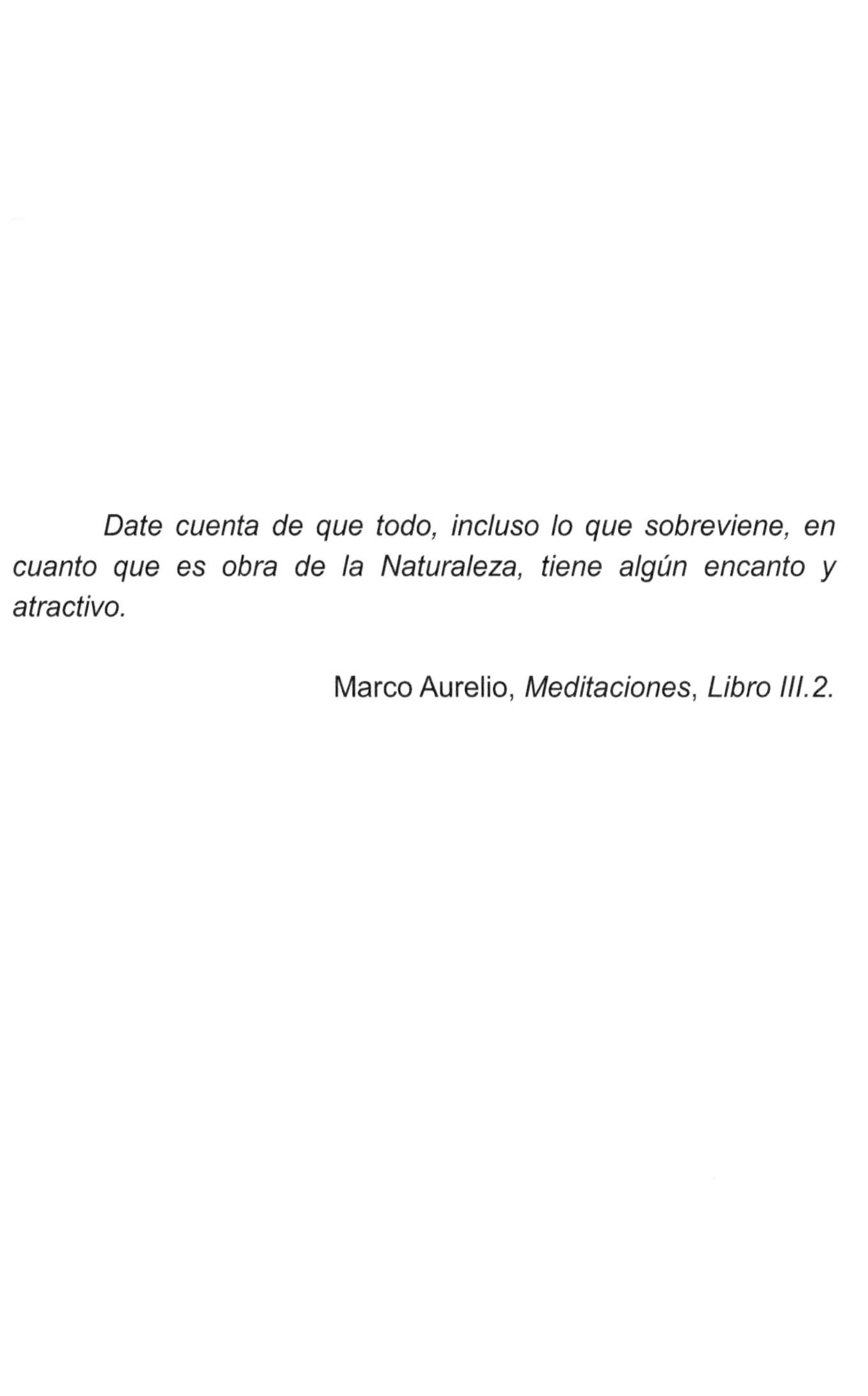

Date cuenta de que todo, incluso lo que sobreviene, en cuanto que es obra de la Naturaleza, tiene algún encanto y atractivo.

Marco Aurelio, *Meditaciones, Libro III.2.*

EL ESTOICISMO

El estoicismo es una doctrina filosófica que gozó de gran importancia durante la época grecorromana. Se considera que Zenón de Citio (336 a.C - 264 a.C.) fue el fundador de la escuela filosófica del estoicismo. A pesar de tener algunas similitudes con el cinismo, se diferencia de este en varios aspectos: promueve la acción frente a la simple crítica del cinismo; no desprecia el mundo, la política ni la sociedad; no minusvalora la lógica ni la física; etc.

Una de las características del estoicismo es que se podía enseñar a personas de cualquier clase social, incluidos los esclavos. Esto permitió la expansión de sus seguidores desde el punto de vista numérico y geográfico. Incluso algunos maestros estoicos defendieron que también debían aprenderlo las mujeres (como Musonio Rufo y Epicteto).

Se suelen distinguir tres fases del estoicismo: el antiguo (siglos III y II a.C); el medio (siglos II y I a.C.); el nuevo o romano (siglos I y III d.C.).

Es imposible resumir el estoicismo en unas breves líneas, pero podemos destacar como los principales puntos de esta escuela filosófica los siguientes:

- La razón del hombre forma parte del Logos universal (que es una razón inmortal y divina). Esto supone que todos los hombres son "hermanos" en cuanto participan del Logos universal. Esto lleva a considerar al hombre como ciudadano del mundo (cosmopolitismo).

- La Lógica incluye la epistemología. Ésta parte de que el hombre carece de conocimiento previo y conforme acumula experiencias, adquiere el conocimiento de la realidad. Pero frente al relativismo, opina que hay impresiones comunes a todos los hombres que permiten conocer la Verdad a través del consenso. Mediante el conocimiento de la Verdad, se puede llegar a la Virtud. Se opone, por tanto, al relativismo o al concepto de las ideas de Platón.

- La Física estoica se fundamenta en que la Naturaleza es armoniosa y se rige por un Logos cósmico llamado *Pneuma*. Este Logos es racional y controla la materia. El azar no existe, sino que todo se rige por un principio de causalidad, sin perjuicio de que, en muchas ocasiones, éste sea desconocido por los hombres.

- Existe un Logos cósmico que puede identificarse con Dios. Algunos estoicos, como Séneca, le atribuyen a Dios el carácter de persona, con especial providencia con los hombres virtuosos.

- Existe el alma. En los seres humanos, es un alma racional. Los animales también tienen alma, que es sensible, pero no racional. Las plantas también tienen un alma que dirige su crecimiento. Los átomos también tienen un alma que rige su movimiento.

- La moral estoica parte del determinismo establecido por parte del Logos universal. Por tanto, el hombre únicamente será "libre" si acepta su destino, admitiendo y soportando todo lo que no está bajo su control. En la razón está la guía del filósofo que le permitirá llegar a la Virtud. En el camino se encontrará pasiones, dolor y temores que deben ignorarse y mantenerlos aparte gracias al autocontrol, mediante la impasiblidad (*apátheia*). De todas formas el determinismo es atenuado por el compatibilismo[1].

Los filósofos ponían como modelo a Sócrates, ejemplo de virtud puesta de manifiesto, sobre todo, a la hora de su muerte[2].

Entre los filósofos estoicos más conocidos podemos destacar a los siguientes:

- Zenón (fundador de la escuela estoica).

- Aristón de Quíos (siglos IV - III a.C). Era coetáneo de Zenón. Su escuela pensaba que la Física (y por tanto Dios) eran incomprensibles para el hombre, prescindía de la Física y ponía énfasis en la Ética. Su escuela no fue seguida por los estoicos, que siguieron la doctrina de Zenón.

- Cleantes de Aso (siglos IV - III a.C.). Puso especial énfasis en el rechazo del placer como contrario de la Virtud.

---

1 La problemática del determinismo, el indeterminismo y el compatibilismo es muy compleja y excede la intención más "práctica" de este libro, por lo que no nos extendemos en ella.

2 En el momento de su muerte, Sócrates dijo que «un hombre, que se ha consagrado toda su vida a la filosofía, debe morir con mucho valor, y con la firme esperanza de que gozará después de la muerte bienes infinitos» (Platón: *Fedón o del alma*, 57a- 64a).

- Crisipo de Solos (sglo III a.C.). Fue discípulo de Cleantes y considerado por muchos como el fundador de la gramática como una disciplina propia en la Grecia clásica.

- Panecio de Rodas (siglo II a.C). Fundó una escuela estoica en Rodas. Introdujo ideas platónicas y aristotélicas en su escuela. Negaba la inmortalidad del alma. Rechazaba la *apátheia* y suavizó la moral estoica tradicional.

- Posidonio (siglos II - I a.C). Además, fue uno de los principales científicos de la época.

- Musonio Rufo (siglo I a.C.). Se centró en la ética y propugno que tanto el hombre como la mujer han recibido el raciocinio de los dioses, por lo que ambos deberían estudiar filosofía y buscar la Virtud.

- Séneca (4 a.C. - 65 d.C.). Es quizás el filósofo estoico más conocido y muchas de sus teorías eran compatibles con el cristianismo[3].

- Epicteto (55 - 135). Se especializó en las enseñanzas éticas. Su enseñanzas fueron recopiladas por su discípulo Arriano en el *Enquiridión*[4].

---

3 Puede leer una recopilación de algunas de las enseñanzas de Séneca en mi recopilación publicada en Amazon: *Cómo ser sabio y feliz según Séneca. Frases extraídas de sus Cartas a Lucilio.*
4 Puede leer la obra completa en mi recopilación publicada en Amazon: *Manual para ser Feliz. Enquiridión de Epicteto.*

- Marco Aurelio (121 - 180). Fue Emperador de Roma desde el año 161. De él hablamos más extensamente en un momento posterior.

Se ha puesto de manifiesto por muchos autores la relación del estoicismo con el cristianismo, hasta el punto de decirse que muchos estoicos eran cristianos y que muchos cristianos eran estoicos.

Los puntos en común entre ambas creencias son los siguientes:

- Creencia de una hermandad entre los hombres (en los cristianos se fundamenta en que todos son hijos de Dios, mientras que en los estoicos su fundamento es que todos son participantes del Logos universal).

- La existencia de una ley natural o racional (obra de Dios en el caso de los cristianos, manifestación del Logos universal en el caso de los estoicos).

- La búsqueda de la paz interior en el vivir (fundamentada en el cumplimiento de los Mandamientos y la resignación ante los designios de Dios en el caso de los cristianos; mientras que en los estoicos se basa en la aceptación de lo que no depende de nosotros mismos).

- La inmortalidad del alma o la vida eterna, aunque sus fundamentos son distintos (Dios en los cristianos; su participación en el Logos cósmico para los estoicos).

- La ausencia de la búsqueda del placer como fin de nuestras vidas. El placer sería consecuencia de vivir correctamente, pero no sería el objeto que mueve nuestra forma de actuar.

Pero también había puntos que distinguían a los cristianos de los estoicos:

- Los cristianos creían en un Dios personal, mientras que para los estoicos el Logos universal no es una persona, sino un principio que rige en la naturaleza (similar a un animismo, según algunos).

- Para el cristiano existe el mal y el bien, mientras que para los estoicos no existe lo bueno ni lo malo por sí mismo, sino por el efecto que produce en el sujeto, con independencia de que haya cosas más conformes a la Razón que otras.

- El cristianismo no es determinista, al menos en los Padres de la Iglesia (entre los que destaca San Agustín de Hipona), que defienden el libre albedrío. Los estoicos son deterministas o compatibilistas.

Algunos historiadores creen que Pablo de Tarso tuvo contactos con la escuela estoica antes convertirse al cristianismo. En relación con esta teoría, existe cierta corriente que opina que Séneca se convirtió al cristianismo. No hay prueba de esto último, aunque sí hay catorce cartas entre Pablo y Séneca que algunos creen falsas, aunque no hay pruebas que evidencien si son verdaderas o falsificaciones. La concepción del estoicismo por Séneca de un Dios personal, así como de la entrada de la piedad y la misericordia en el sistema ético y racional del estoico hacen que su acercamiento al pensamiento cristiano fuera notorio.

Como elemento común entre filósofos estoicos y cristianos habría que señalar también que tanto unos como otros fueron perseguidos por distintos emperadores romanos a partir del siglo I.

La influencia de los estoicos en los cristianos de los siglos posteriores fue importante e inspiró, en mayor o menos medida, a teólogos y filósofos tales como Tomás de Aquino (siglo XIII) y su teoría de la ley natural.

En el siglo XVI hubo un resurgimiento del pensamiento estoico dando lugar al neoestoicismo defendido por autores tan importantes como Erasmo de Rotterdam, Francisco Sánchez de las Brozas, Luis Vives o Francisco de Quevedo.

Más tarde, la influencia del estoicismo se aprecia en pensadores como Spinoza, Kant o Descartes. El modelo de ética estoico fue la base de la búsqueda de un concepto de ética universal y racional.

En la actualidad, disfruta de un nuevo resurgimiento como modelo de vida frente al consumismo compulsivo y el hedonismo superficial.

MARCO AURELIO

Marco Aurelio Antonino Augusto (121-180) fue emperador del Imperio Romano, pero además de su labor política es recordado por ser uno de los principales defensores del estoicismo. Por ese motivo es llamado el *Emperador filósofo.*

Marco Aurelio nació con el nombre de Marco Annio Catilio Severo y era hijo de Marco Annio Vero, pretor de origen hispano, y de Domicia Lucilia, que pertenecía a una importante familia de cónsules. Su padre murió cuando Marco Aurelio tenía tres años y fue adoptado por su madre y por su abuelo paterno, llamado también Marco Annio Vero, como su padre. Cuando Marco Aurelio tenía diecinueve años, falleció su abuelo paterno.

Su familia tenía buena relación con el emperador Adriano, que pudo apreciar la inteligencia y prudencia del joven Marco Aurelio. Tas la muerte del hijo adoptivo de Adriano, nombró como heredero a Antonino Pío con la condición de que adoptara a Marco Aurelio y a Lucio Vero y los nombrara sucesores a la muerte del propio Antonino Pío como emperadores del Imperio Romano.

Adriano murió en el año 138 y le sucedió Antonino Pío, que falleció en el año 161. Tras su muerte, pasaron a ser coemperadores Lucio Vero y Marco Antonio. Lucio Vero dirigió importantes campañas militares en Asia contra el imperio parto y en el norte contra las tribus germanas. Lucio Vero, al contrario que Marco Aurelio, apreciaba los lujos, las comodidades y la vida ostentosa; a pesar de ello, parece ser que la relación entre ambos hermanos adoptivos fue buena. A la muerte de Lucio Vero, en el año 169, Marco Aurelio se convirtió en el único emperador de Roma.

En el ámbito de la política interior, Marco Aurelio se rodeó de los mejores juristas, tesoreros y administradores civiles y militares. No tuvo obstáculo en oír a sus asesores y adoptar las medidas que ellos les proponían si entendía que eran las adecuadas. En el ámbito del derecho, las innovaciones normativas se dirigieron a mejorar la situación de la mujer, los esclavos y la plebe; así como a mejorar la administración de justicia. También mejoró la administración burocrática, continuando la labor comenzada por sus antecesores, e intentó fortalecer las relaciones con el Senado. En el ámbito militar se tuvo que enfrentar con los partos hasta que Lucio Vero consiguió la victoria. Posteriormente, el mismo Marco Aurelio, con sus asesores, dirigió la guerra contra los pueblos germanos en la Galia y en los territorios del Danubio, consiguiendo finalmente la victoria sobre los bárbaros. En el ámbito interior, su imperio se caracterizó por la estabilidad y la inexistencia de guerras civiles o amenazas de rebelión. En general, durante el imperio de Marco Aurelio la nota fue la estabilidad en el interior y el exterior, manteniendo la denominada *Pax Romana*. Sin embargo, sí tuvo que hacer frente a la llamada Peste Antonina, que trajeron a Roma las tropas destinadas en Oriente Medio a su regreso tras la victoria sobre los partos. El médico Galeno pudo estudiar los casos y dejar constancia detallada de los síntomas; dada la similitud de los síntomas de la Peste Antonina con los de la viruela, algunos historiadores creen que se trató de una epidemia de dicha enfermedad. La peste duró desde el año 165 al 180 y tuvo diferentes brotes de mayor virulencia a lo largo de esos años. Se estima que acabó con un número comprendido entre los tres millones y medio y los cinco millones de habitantes del Imperio Romano (entre un 7,5 % y un 10 % de su población). La enfermedad fue más grave en determinados pueblos y entre el ejército romano, que quedó diezmado. Precisamente, se cree que fue la peste la que acabó con la vida del coemperador Lucio Vero en el año 169. Tampoco Marco Aurelio se salvó de la peste, ya que cayó enfermo en el año 180 y falleció el 17 de marzo de ese mismo año.

Marco Aurelio tuvo cinco hijos: tres mujeres y dos hombres. Uno de los hijos varones se llamó Marco Annio Vero César (162-169) y falleció a los siete años de edad. Su otro hijo varón, Cómodo (161-192) sería el siguiente emperador de Roma. Marco Aurelio, antes de su enfermedad, había nombrado coemperador a su hijo Cómodo (161-192). Durante el tiempo del coimperio de padre e hijo, Cómodo actuó moderadamente bajo los consejos de su padres y sus allegados, pero tras la muerte de Marco Aurelio en el año 180, Cómodo se libró de los antiguos asesores y nombró a sus favoritos al mismo tiempo que mostraba rasgos neuróticos. Algunos historiadores opinan que con Cómodo comenzó la decadencia del Imperio Romano.

Marco Aurelio recibió una educación amplísima. La gratitud de Marco Aurelio a su familia y maestros se observa en la propia obra *Meditaciones*. El Libro I está dedicado a agradecimientos y reconocimientos a sus maestros y familia por sus valiosas enseñanzas. El Libro I puede leerse íntegramente al final de estas mismas páginas, ya que del mismo se pueden extraerse valiosas enseñanzas. Tuvo varios maestros seguidores del estoicismo; además, su familia, a pesar de gozar de gran fortuna, llevaba un estilo de vida sin apariencias ni lujos excesivos. La filosofía de Marco Aurelio es indudablemente estoica, pero eso no le impide valorar las enseñanzas de otros filósofos, como Heráclito[5].

---

5 Heráclito de Éfeso (s. VI - V a.C.), filósofo griego.

En el ámbito religioso era totalmente respetuoso con la religión tradicional romana; sin embargo, eso no impidió que se mostrara (como era tradición en Roma) respetuoso con las demás religiones siempre que no se alterara el orden público. En su relación con el cristianismo no se conserva ningún edicto imperial de persecución, pero sí se realizaron persecuciones de ámbito más reducido organizadas por las autoridades locales cuando se consideraba que se alteraba el orden público. La única orden personal de Marco Aurelio en este asunto es la respuesta que dio en un caso concreto al gobernador de Lyon. En esa ciudad, parte del pueblo asaltaba las casas y lugares de reunión de los cristianos bajo las acusaciones de que cometían, entre otros actos abominables, los de canibalismo e incesto. El gobernador de Lyon le preguntó que debía hacer con los cristianos detenidos que fueran ciudadanos romanos, a lo que el emperador respondió que debían perdonar a los que abjuraran de su fe y decapitar a los que se mantuvieran en la misma. Esto hace pensar por la mayoría de investigadores que Marco Aurelio creía, como sus más inmediatos antecesores, que el cristianismo era una secta supersticiosa a la que podía ignorarse siempre que no se alterara el orden público según las estimaciones de las autoridades locales, pero en caso contrario las medidas eran expeditivas. Marco Aurelio es plenamente creyente en los dioses del panteón y en su obra *Meditaciones*, ante la pregunta de: "¿Dónde has visto a los dioses, o de dónde has entendido que existen, que los adoras así?", él responde lo siguiente: "Primero, son visibles incluso para los ojos; segundo, no he visto mi propia alma y, sin embargo, la honro. Lo mismo ocurre con los dioses, desde mi experiencia y en todo momento que puse a prueba su poder, sé que existen y les hago reverencia"[6]. Además, la

---

6 *Meditaciones, Libro XII.27.*

religión romana tradicional era un elemento de unidad del Imperio y, como tal, era respetada y defendida por el emperador.

En su vida personal, Marco Aurelio hizo muestra de la austeridad propia del estoicismo. No hizo alardes de su inteligencia, de su riqueza ni de su poder. Siempre escuchó a sus asesores. No dudó en tomar las medidas que estimara oportunas, por muy estrictas que fueran, para salvaguardar el bien común. En sus *Meditaciones* defiende que los actos de los hombres son justos si se dirigen al bien común; por eso él, como emperador, no dudaba en adoptar las medidas que considerada necesarias desde su posición de autoridad para defender el bien común y el Imperio. Aunque por las circunstancias le fue imposible implantar las medidas estoicas a un imperio tan extenso y variado, sí intentó aplicar sus principios filosóficos a su gobierno soportando las criticas, respetando a los senadores opositores, perdonando a enemigos e impulsando una legislación más justa.

Busto de Marco Aurelio. Giptoteca de Munich.
(Wikimedia Commons).

LA FILOSOFÍA DE MARCO AURELIO Y SUS *MEDITACIONES*

Marco Aurelio es, junto a Séneca y Epicteto, el filósofo estoico más conocido. De niño era serio y recibió su educación en casa, alejado de las escuelas públicas. Recibió una educación esmerada y amplia, costeada sin reservas por su bisabuelo materno, Casilio Severo. Entre sus maestros hubo varios seguidores de la filosofía estoica que transmitieron su saber al futuro emperador. Asimismo, su familia era cumplidora con los principios básicos que debía cumplir una buena familia romana que, en cierto modo, también eran acordes con el pensamiento estoico en aspectos tales como la austeridad, el sacrificio por la *res publica*, la humildad, el buen trato a los conciudadanos y esclavos, etc. Fue su madre la que le dio ejemplo de austeridad y respeto a las tradiciones romanas, incluyendo la religión tradicional. Este último aspecto lo diferencia un poco de otros estoicos, entre los que había quienes defendían la inexistencia de los dioses (al menos al modo clásico del Panteón) y los que creían en su existencia, pero matizaban su poder e interferencia en la vida humana. Como antes expusimos, al final de esta obra hemos recogido íntegramente el Libro I de las *Meditaciones*, donde describe a los personajes más importantes de su vida y las características de cada uno de ellos que le dejaron una grato recuerdo y una marca indeleble en su carácter.

Para muchos, Marco Aurelio era en realidad un filósofo o un pensador que llegó a ser emperador por casualidad. De sus escritos se aprecia como asumió las funciones de soberano como obligación que debía cumplir con la mayor perfección posible, aunque sus inclinaciones eran más filosóficas que políticas.

Las *Meditaciones* fueron escritas a lo largo de varios años; según la mayoría de los investigadores, entre el año 168 y 179. Está compuesto por XII Libros sin que ello implique que cada Libro este dedicado a un tema concreto; al contrario, en todos los Libros se tratan todas las temáticas propias de un filósofo estoico. Se escribió en griego, que no sólo era la lengua "oficial" utilizada en la parte oriental del Imperio Romano, sino que era considerada la lengua culta por excelencia y la idónea para escribir textos filosóficos e intelectuales. No se conserva ningún manuscrito original de las *Meditaciones* ni ninguna copia de una época cercana a su redacción, pero ya se menciona en varios escritos desde el siglo III. La obra ha llegado íntegra hasta nuestros días gracias al códice *Vaticanus Graecus, 1950*, por una copia que se realizó del mismo a finales del siglo XIV o principios del XV; así como a la traducción realizada por el erudito y filólogo Guilielmus Xylander (1532-1576), que tradujo al latín la obra íntegra siguiendo un manuscrito encontrado en la biblioteca de Otto Heinrich, Príncipe Palatino, que se ha perdido.

El conjunto de pensamientos de Marco Aurelio carecía de título conocido y ha sido llamado en castellano de diversas formas. Por ejemplo, la primera traducción al castellano la realizó Jacinto Díez de Miranda bajo el título *Los doce libros del emperador Marco Aurelio*, en 1785, aunque dentro del libro los llamó *Soliloquio* y *Reflexiones morales*. Finalmente, acabó imponiéndose el nombre de *Meditaciones* para la inmortal obra de Marco Aurelio.

Las *Meditaciones* fueron escritas durante su estancia en el norte de la frontera del Imperio Romano, mientras dirigía la lucha contra los pueblos bárbaros alo largo del río Danubio. Los investigadores piensan que esta obra no fue escrita para la lectura por el público en general, sino que fue una obra escrita para sí mismo o, si acaso, para que pudiera ser leída por su círculo más cercano o como libro de cabecera para su hijo Cómodo, el futuro emperador. Como dijimos, se escribió en griego y los expertos destacan una redacción muy culta, fruto de un perfecto conocimiento del griego y de los principios filosóficos, éticos y morales que plasma en la obra.

Las *Meditaciones* están compuestas por doce libros que, cumpliendo los principios de la filosofía estoica, insiste en los principios éticos, restando importancia a la física o la lógica. Es difícil precisar hasta que punto Marco Aurelio innovó o aportó algo nuevo al pensamiento estoico, dado que para algunos es más bien un resumen de la filosofía estoica según lo aprendido de sus maestros y de la lectura de los filósofos. En todo caso, a modo de resumen, los puntos en los que más insiste Marco Aurelio son los siguientes:

- El Logos como principio ordenador.

- La participación del alma del hombre en el espíritu divino.

- Las distintas categorías existentes entre los seres: inanimados, animados irracionales y animados racionales.

- Que la forma correcta de proceder es la que es conforme a la Naturaleza, siendo ese el único camino para alcanzar la felicidad.

- Que es consecuencia de la propia naturaleza humana actuar no tanto por el propio interés, sino por el de la comunidad.

- La benevolencia y comprensión ante el error de otros hombres, sin perjuicio de trabajar por sacarles de ese error dentro de nuestras posibilidades.

- Atender a lo que depende de nosotros y no preocuparnos por las cosas externas y ajenas.

- La indiferencia ante el placer y el dolor en cuanto son únicamente juicios de valor sobre cosas que no causan bien ni mal por sí mismas.

- Someterse a los designios del destino sin apesadumbrarnos.

- La comprensión de que la muerte es una fase más de la vida establecida por la Naturaleza y que, por tanto, no es mala ni perjudicial.

Marco Aurelio dejó escrito sus pensamientos sin saber que sería una de las obras más importantes de la humanidad y seguida por muchos pensadores en su búsqueda por ser, simplemente, mejor persona.

SOBRE ESTA OBRA

En esta obra se ha realizado una recopilación de frases y consejos escritos por Marco Aurelio en sus *Meditaciones*. Partiendo principalmente de la traducción realizada por Jacinto Díaz de Miranda en 1785 al español, así como de las traducciones al inglés de Meric Casaubon en 1634 y Arthur Spenser Loat Farquharson en su edición póstuma de 1944, se ha procedido a adaptar el lenguaje utilizado para hacerlo más comprensible por el lector contemporáneo. Esta recopilación no sustituye la valiosa obra de Marco Aurelio, que merece ser leída al completo; pero dada la amplitud de la misma, puede servir para acercar al lector a la filosofía estoica y, concretamente, al pensamiento del *Emperador filósofo*. Con esto no queremos decir que deban seguirse todos sus principios a rajatabla porque, al fin y al cabo, el lector será el que decida que camino debe seguir.

Gabriel Rodríguez Morales

GUÍA PARA SER FELIZ
SIGUIENDO LAS *MEDITACIONES*
DE MARCO AURELIO

CÓMO ACTUAR SABIAMENTE

Todo desaparece rápidamente, tanto la vida de las personas como los recuerdos de esas personas en el tiempo. También desaparecen rápidamente las cosas que son perceptibles y, especialmente, las que nos atraen con el cebo del placer, las que nos atemorizan con el sufrimiento y las que producen delirios de grandeza. Estas cosas no tienen valor, son fáciles de despreciar, sucias, perecederas y muertas.

No hay nada más desventurado como aquel que va de un lado a otro, explorando "lo que está debajo de la tierra"[7], investigando en las almas de los demás mediante el uso de indicios[8], sin darse cuenta de que basta estar sólo ante el espíritu divino que está dentro de uno mismo y ser su servidor sincero. Este servicio consiste en alejarse de las pasiones, del atolondramiento, de la insatisfacción frente a lo que acontece por obra de los dioses y de los hombres, porque lo que viene de los dioses debe respetarse, mientras que lo que depende de los hombres debe ser también respetado y querido por ser nuestros hermanos. Incluso las que vienen de los hombres pueden ser objeto de compasión, porque no pueden distinguir lo que es bueno de lo que es malo. Ese impedimento no es menor que el que impide distinguir lo blanco de lo negro[9].

El alma del hombre se humilla a sí misma en varios casos. En primer lugar, cuando, a pesar de depender de la Naturaleza, se convierte en un absceso y tumor de la misma, ya que enfadarse con los acontecimientos es separarse de la Naturaleza de la que

---

7 Es un cita del poeta griego clásico Píndaro (s. VI - V a.C.).
8 Parece que hace referencia a las artes adivinatorias; en especial, a la astrología.
9 Comparación con el ciego, que no puede ver.

forman también parte las demás cosas. En segundo lugar, cuando se actúa contra alguien con la intención de perjudicarle, como hacen los coléricos. En tercer lugar, también se deshonra al alma cuando se deja vencer por el placer o el sufrimiento. En cuarto lugar, cuando se actúa con hipocresía. En quinto lugar, cuando se actúa sin orden y al azar, sin perseguir ningún objetivo concreto, ya que es necesario que hasta las más pequeñas acciones se hagan con una finalidad. En definitiva, los animales racionales deben seguir la Razón, que es la regla y ordenanza del más venerable de todas las ciudades y gobiernos.

No actúes contra tu voluntad, contra la comunidad ni sin previo razonamiento. No hables demasiado ni emprendas demasiados asuntos al mismo tiempo.

Actúa siempre como si fuera a sonar el toque de retreta[10] que te lleva a abandonar la vida, dejando la misma sin necesidad de juramento ni testigos[11].

No actúes por azar ni de otra forma distinta a la reglas que determina el arte[12].

Cumple siempre estas dos normas: una dice que debes actuar según te dicte la razón para beneficio de los hombres; la otra es que estés dispuesto a cambiar de criterio si alguien te rectifica y enmienda alguna opinión. Pero ese cambio de opinión debe ser

---

10 Toque militar utilizado para ordenar la retirada o que la tropa se recoja por la noche en el acuartelamiento.
11 Quiere decir que se abandone la vida sin necesidad de juramentos o testigos de que ha cumplido con su deber y que puede morir con la conciencia tranquila.
12 Los investigadores lo identifican con el arte de saber vivir; esto es, vivir conforme a la Razón.

por convicción justa y por el bien del común, no porque te haya parecido que es algo agradable o reputado.

¿Tienes la razón? Sí. ¿Por qué no la usas? Si la usas como es debido, ¿qué más necesitas?

Es un ciego el que cierra el ojo de la inteligencia.

El hombre que ha hecho el bien no presume de ello, sino que busca a otro hombre al que hacerle el bien.

No reniegues, ni renuncies ni te impacientes si alguno de tus actos no son conformes a tus buenos principios; al contrario, aunque te hayas equivocado, vuelve a intentar a hacerlo bien y conténtate si la mayor parte de tus acciones son las correctas.

Que tu razón marque unos límites a las pasiones corporales.

La mejor manera de defenderse de los malvados es no hacerse igual a ellos.

Toda obligación se lleva a cabo paso a paso. Debemos cumplir con la tarea que nos hemos propuesto siguiendo los pasos, sin enfadarnos con los que se enojan con nosotros mientras tanto.

Mantente sencillo, bueno, puro, digno, sin pompa, amigo de lo justo, piadoso, bien intencionado, afectivo y fuerte para ejecutar lo conveniente. (…) Respeta a los dioses, salva a los hombres. La vida es corta, el único fruto de la existencia sobre la tierra es ser virtuoso y actuar por el bien común.

Lo que el hombre hace conforme a su naturaleza, aunque le cause dolor, no es un mal.

Como Antonino[13], mi patria es Roma. Como hombre, mi patria es el mundo.

Para el ser racional son una misma cosa actuar según la Ley de la Naturaleza y según la Ley de la Razón.

El deber preponderante en la naturaleza del hombre es el bien común. El segundo deber es no ceder ante las pasiones corporales (…). El tercer deber es no equivocarse ni dejarse engañar.

Cuando vayas a hacer algo, pregúntate: ¿me será útil?, ¿me arrepentiré tras hacerlo?

Unos se alegran con una cosa, otros con otra. Yo utilizo la razón y no ignoro a las demás personas ni lo que les sucede, sino que todo lo miro con ojos benévolos y lo acepto, valorando cada cosa como es realmente.

El que es injusto es impío, porque la Naturaleza ha creado a los seres racionales para que colaboren entre ellos y no para que se perjudiquen los unos a los otros. El que actúa injustamente, actúa impíamente contra toda divinidad. (…) El que miente voluntariamente también es impío porque actúa injustamente; el que miente involuntariamente también es impío porque actúa contra la Naturaleza y el orden que ella a impuesto al universo. (…) También es impío el que persigue los placeres como bienes y evita los sufrimientos como males. (…) La Naturaleza es neutra y ha creado los placeres y los sufrimientos iguales según su parecer. Así que aquel que respecto al sufrimiento y al placer, a

---

13 Es el nombre que utilizaba Marco Aurelio para hablar de sí mismo. Su nombre completo como emperador era Marco Aurelio Antonino Augusto.

la muerte y a la vida, a la fama y a la mala fama, no tiene una actitud indiferente y los valora por igual, es impío.

El que actúa mal, actúa mal contra sí mismo. El que es injusto se perjudica a sí mismo porque se convierte en un malvado.

A veces se es tan injusto sin hacer nada como no haciendo algo.

La tierra nos cubrirá a todos nosotros, después ella cambiará y, después, todo volverá a cambiar hasta el infinito. Si recapacitas en las fluctuaciones de los cambios y las transformaciones, así como en la rapidez con que se producen, sentirás indiferencia hacia cualquier bien mortal.[14]

No discutas sobre cómo debe ser la persona buena, sino que se tú una persona buena.

Al analizar los objetos reflexiona atentamente como se están ya descomponiendo para cambiar, pudrirse o desaparecer. Todas las cosas han nacido para morir.

Recuerda que el que mueve los hilos está escondido dentro de ti. Es la vida, es el hombre. No te confundas creyendo que es el recipiente que encierra tus órganos; estos son para ti como un hacha[15], con la diferencia de que han crecido unidos. Sin la causa que los mueve, ninguna de las partes de tu cuerpo tienen más utilidad que la lanzadera[16] para el tejedor, el estilete[17] para el que escribe o el látigo para el auriga.

---

14 Coincide con la teoría del desapego de otras corrientes filósoficas y de pensamiento.
15 Es decir, un mero instrumento.
16 En los instrumentos del telar, es la pieza en la que va el carrete de hilo.
17 Punzón utilizado para escribir en las tablas.

Estas son las características del alma racional: se ve a sí misma, se organiza a sí misma y se hace a sí misma; escoge los frutos que produce; alcanza el fin que se propone; recorre el mundo entero y el vacío que le rodea; extiende su comprensión hasta el infinito de toda la eternidad; ama al prójimo, la verdad y el pudor; no estima a nada por encima de sí misma.

Qué tramposo es quien dice: "Voy a portarme contigo de forma sencilla" (…) Eso no se anuncia. Se pone de manifiesto. Debe estar escrito en la frente. (…) El que es bueno, sencillo y amable lo lleva en sus ojos y no lo esconde.

Sócrates también denominaba lamias[18] a las opiniones de la mayoría, un miedo de niños.

En escritura y lectura no serás un maestro si antes no te han enseñado a serlo. Con más intensidad ocurre con la vida.

Piensa en que a tu cuerpo y a tu alma les sorprenderá la muerte. Piensa también en la brevedad de la vida, en la inmensidad de la eternidad, tanto en el tiempo pasado como en el futuro, y en la debilidad de todo lo que es materia.

Si algo no es apropiado, no lo hagas. Si algo no es verdad, no lo digas.

En primer lugar, no actúes sin reflexionar y sin finalidad. En segundo lugar, no tengas como finalidad otra cosa que no sea el bien común.

---

18 Las lamias eran unos seres mitológicos que aparecían en las historias dirigidas a asustar a los niños.

Debes mantener el cuerpo compacto y firme, tanto en movimiento como en reposo. Igual que la reflexión hace que en la cara aparezca una expresión inteligente y agradable, lo mismo hay que exigir en lo que toca a todo el cuerpo. Todo eso hay que mantenerlo sin afectación.

EL USO DEL TIEMPO

Actúa, habla y piensa como si estuvieses a punto de salir de esta vida.

Aunque vivieses tres mil o treinta mil años, recuerda que nadie pierde más vida que la que está viviendo ni tampoco está viviendo otra que no sea la que pierde. Por tanto, es lo mismo una vida larga que corta. El presente es igual para todos, lo que se pierde también es igual; todo es efímero. No se puede perder lo pasado ni lo futuro porque, ¿cómo perder lo que no se tiene?

Si uno llega a vivir mucho puede que su mente no sea tan clara (…). Por tanto, hay que darse prisa, no sólo porque cada vez se está más cerca de la muerte, sino también porque antes de morir perdemos la capacidad de comprender las cosas.

Es necesario que te des cuenta de que eres parte del Universo, de que provienes de la fuerza que gobierna el Universo y de que tu tiempo es limitado. Si no aprovechas tu tiempo para despejar las nubes, tu tiempo se marchará y tú te marcharás con él sin conseguirlo.

No malgastes lo que te queda de vida en los asuntos de los demás si no es necesario para el bien común. Preocuparte de lo que hacen, lo que dicen o lo que se proponen hacer los demás te aleja del principio rector que debe dirigir tu vida. Aleja de ti el azar, la inutilidad y, aún más, el entrometimiento y la maldad.

Acata siempre tu capacidad para suponer[19]; así, tu principio rector será siempre la Naturaleza y actuarás racionalmente. Esto

---

19 En el estoicismo, cuanto mejor conozcas la Naturaleza más acertadas serán tus suposiciones y actuarás correctamente.

supone no precipitarse[20], amar a los hombres y obedecer a los dioses. Tú vida es efímera, poco tiempo es el que vives y una pequeña porción de tierra es donde vives; tu reputación también es efímera, incluso la más extensa, y depende de hombres que también han de morir y que no se conocen a sí mismos ni a los que han muerto mucho tiempo atrás.

No te unas a los juicios que hace el que ofende, hazlos tras examinar las cosas y según la verdad.

No vivas como si fueras a vivir diez mil años. Lo inevitable pende siempre sobre ti. Mientras estés vivo, mientras te es posible, hazte una persona de bien.

---

20 El estoicismo defiende que hay que razonar bien las cosas antes de actuar y evitar, sobre todo, ser impulsivo.

LA FELICIDAD

No te agobies con la suerte presente ni temas la futura.

Que no te distraigan los acontecimientos externos. Descansa para aprender algo bueno y dejar de dar tumbos. Pero también hay que evitar cansarse de vivir y actuar sin ningún objetivo que guíe tu vida.

Es difícil que pueda ser infeliz alguien que no se fije en lo que sucede en el alma de otro; pero es forzosamente infeliz aquel que nunca ha seguido de cerca los movimientos de su propia alma.

No debes poner por delante de la razón y de la sociedad absolutamente nada; ni el elogio de la mayoría, ni los cargos, ni las riquezas ni los placeres. Si alguna vez lo haces, pueden apoderarse de ti y llevarte a la perdición.

Actúa de acuerdo con la razón recta con diligencia, fuerza, buen ánimo, sin distraerte en cosas accesorias y vigilando que tu espíritu divino permanezca puro como si ya tuvieras que devolverlo. Tendrás una vida feliz si te agarras a esto sin esperar ni evitar nada, limitándote a actuar conforme a la Naturaleza y diciendo la verdad. Nadie puede impedírtelo.

Apresúrate para el fin, deja al lado las esperanzas vanas y ayúdate a ti mismo mientras es posible si es que te importas.

Muchos se retiran al campo, al mar o a la montaña. Todo eso es banal cuando en el momento que quieras puedes retirarte a tu interior. No hay lugar más tranquilo ni más pacífico al que un hombre puede retirarse que su propia alma, sobre todo para aquel que tiene dentro recursos tales que, si los examina, al momento se encuentra en total bienestar. Llamo bienestar únicamente al buen orden. Así que concédete ese retiro y renuévate. Encuentra preceptos breves y elementales que te sean suficientes para poner fin a tu insatisfacción y reenviarte de vuelta y sin irritación a tus actividades.

¿Con qué te irritas? ¿Con la maldad de los hombres? Ten en cuenta que todos los seres racionales han sido creados para convivir y soportarse los unos con los otros. Piensa que muchos actúan mal sin querer. Además, todos los que han sufrido por enemistad, sospecha, odio y rivalidad son ahora cenizas[21]; así que deja de irritarte.

Deja de estar pendiente de lo que otro ha dicho, ha hecho o ha pensado. Deja de mirar alrededor y corre hacia la línea de meta sin mirar a un lado ni a otro.

Se es más feliz tanto por emprender bellas acciones como por emprender pocas acciones. La mayoría de las cosas que hacemos y decimos no son útiles, suprímelas y estarás más feliz y menos turbado. Por ello, antes de cada acción, hay que preguntarse: ¿es de utilidad?

Al amanecer, cuando no tengas ganas de despertarte, piensa: "¿Me despierto para una tarea humana y me quejo por hacer aquello para lo que he nacido? ¿Acaso he nacido para vivir bajo el calor de las mantas?" Dirás: "Pero esto es más placentero". Pero, ¿acaso has nacido para complacerte? (…) ¿No ves a las plantas, a los gorriones, a las hormigas, a las arañas o a las abejas hacer lo que le es propio contribuyendo a la armonía del

---

21 Han fallecido, como a todos nos ocurrirá.

Universo?. (...) Dices: "Sí, pero hay que tomarse un descanso".
Es cierto, pero la Naturaleza ha puesto unos límites. Seguro que
en el comer y en el beber no tienes problemas en traspasar esos
límites, pero en el trabajo no haces lo mínimo e incluso ni te
acercas a ello. Si haces eso no te amas a ti mismo, porque si así
fuera amarías tu naturaleza y tu propósito como ser humano.

Perseguir imposibles es una locura y es imposible que los
malvados dejen de hacer cosas malvadas.

Dentro de poco tiempo serás cenizas y huesos; un nombre o ni
siquiera eso; si eres un nombre, serás sólo un murmullo y un
eco. Las cosas más apreciadas en esta vida son vacías,
pequeñas y podridas (...). Pero la confianza, el pudor, la justicia
y la verdad van al Olimpo (...). Lo que recibimos por los sentidos
es cambiante y no permanece (...). Mientras esperas la extinción
o la traslación[22], confórmate con ser piadoso y honrar a los
dioses, hacer el bien a los hombres, soportarlos y guardar las
distancias. Recuerda que te es ajeno todo lo que está dentro de
los límites de tu cuerpo y tu aliento, no es cosa tuya ni de ti
depende.

Disfruta sólo de una cosa: hacer algo en favor del bien común y
pasar a hacer otra cosa en favor del bien común; pero siempre
acordándote de Dios[23].

Piensa que los magníficos guisos no son más que el cadáver de
un pez o un ave, que el Falerno[24] no es más que el jugo de un

---

22 La extinción sería la muerte sin existir vida tras la vida. La traslación se
    refiere al viaje del alma a otra vida. Da por factibles ambas posibilidades.
23 Recordamos que Marco Aurelio no se refiere a un dios personal, sino a la
    Razón o al Logos que gobierna el mundo.
24 Era el vino más valorado en la Antigua Roma.

racimo de uva, que el manto púrpura[25] no es más que pelillos de cordero teñidos con la sangre de una concha[26], que la cópula no es más que un frotamiento de entrañas y la expulsión de mocos en medio de una convulsión. Debes llegar al fondo de las cosas y verlas como realmente son. Así debemos actuar cuando pensemos en las cosas que son muy respetadas: desnúdalas, descubre su escaso valor y acaba con el engaño de su majestuosidad.

El respeto y la estima por tu propia razón hará que estés conforme contigo, seas conciliador con los demás y estés en armonía con los dioses alabando lo que ellos han distribuido y ordenado.

Cuando creas que algo es muy difícil de alcanzar, no creas que es imposible de lograr. Si algo es posible y está bajo el dominio del ser humano, podrás lograrlo.

Respecto a lo que te sucede sin escogerlo y valoras como bueno o malo para ti, date cuenta de que cuando crees que te es perjudicial o fracasas en tu objetivo de conseguir algo que valoras como bueno, criticas a los dioses y odias a los hombres porque los crees culpables de tu perjuicio o tu fracaso. Cometemos muchas injusticias al juzgar así. Sin embargo, si sólo creemos como bueno y malo lo que depende de nosotros, ya no tendrás motivo para acusar a los dioses ni para enfadarte con los hombres.

---

25 El púrpura era el color que representaba el lujo en la Antigua Roma y era utilizado, especialmente, en la ropa usada en los actos ceremoniales.
26 La valorada Púrpura de Tiro se obtenía de la secreción del *Murex Brandaris*, un caracol marino.

Cuando quieras estar contento, piensa en las virtudes de los que conviven contigo.

Ante las cosas que nos suceden, evita opinar sobre ellas y no te turbes. Las cosas en sí mismas no pueden imponer nuestros juicios.

Lo que no es bueno para la colmena, tampoco lo es para la abeja.

Si no eres recto, corrígete.

¿Tienes miedo de cambiar? ¿Acaso puede hacerse algo útil sin el cambio? (…) ¿Puedes darte un baño caliente si no cambias la leña? (…) Esto te ocurre a ti igual que a los demás; el cambio es necesario por exigencia de la Naturaleza.

La rasgos que produce una cara en el enfado son contrarios a la Naturaleza. Si se produce muchas veces, el rostro pierde su nobleza y su llama se extingue hasta el punto de no poder recuperarla.

Cuando alguien te hace algo malo, piensa que se ha equivocado en distinguir lo que es bueno de lo que es malo. Al aceptar eso te compadecerás de él, no te sorprenderás ni te encolerizarás. Entonces tendrás que pensar que si lo que hizo fue creyendo que era lo correcto y debes perdonarle; si por el contrario, no coincides en su opinión de lo bueno y lo malo, deberás tener buen ánimo con el que está confundido.

No pienses en las cosas que no tienes como si ya las tuvieses, sino que fíjate en las que más te gustan de las que ya tienes y piensa como tratarías de conseguirlas si nos las tuvieses. Pero, al mismo tiempo, no te acostumbres a ellas ni las valores en exceso, porque si algún día te faltan, te atormentarás por ello.

Irradia sencillez y modestia sin distinguir entre lo que se encuentra en medio de la virtud y de la maldad. Ama el género humano. Obedece a Dios.

(Citando a Eurípides[27]): "No hay que enfurecerse con las cosas, porque a ellas nada les importa nuestro enfado".

Pasa la vida sin congojas y con la mayor alegría aunque los hombres te insulten y aunque las fieras descuarticen los miembros insignificantes de aquello que forma tu cuerpo. En esos momentos, mantén la tranquilidad, juzga racionalmente lo que sucede a tu alrededor y trata de sacarle algún provecho.

En primer lugar, no te preocupes porque todas las cosas ocurren según la ley de la Naturaleza ordena y en poco tiempo no serás nadie, como tampoco lo son ya Adriano ni Augusto[28]. Después, analiza el asunto y recuerda que debes ser un hombre bueno y qué es lo que te pide la naturaleza humana. Tras ello, realízalo sin titubear y de la manera que te parezca más justa, pero siempre con amabilidad, decencia y sin fingimiento.

No te es posible aprender todo de la lectura, pero sí puedes contener la soberbia, sobreponerte a los placeres y a los sufrimientos, no ser vanidoso, no enfadarte con los desconsiderados y desagradecidos; es más, incluso puedes ayudarles.

---

27 Poeta trágico griego del siglo V a.C. Fue amigo de Sócrates.
28 Prestigiosos emperadores de Roma.

El arrepentimiento es como un reproche que se hace uno mismo por haber desaprovechado algo útil. Lo útil debe ser algo bueno por lo que tiene que preocuparse la persona virtuosa y buena. Ninguna persona virtuosa y buena se arrepentiría por haber dejado pasar un placer; el placer, por tanto, no es algo útil ni bueno.

Cuando te cueste trabajo despertarte recuerda que es propio de tu naturaleza humana realizar acciones en favor del bien común, mientras que dormir es algo que compartimos con los seres irracionales. Lo que se hace conforme a tu propia naturaleza es más familiar y agradable.

Si haces algo, que sea para el bienestar de los hombres. Si te ocurre algo, acéptalo como obra de los dioses y de la fuente de todas las cosas por la que todo lo que sucede se entrelaza.

Es satisfacción para el ser humano el hacer lo que es propio del ser humano. Es propio del ser humano la bondad, el desprecio a los placeres del cuerpo, reconocer lo que es verdadero, así como contemplar la Naturaleza y lo que surge de ella.

Elimina de tu pensamiento las representaciones y dile a ti mismo: "en este momento está en mi mano que en mi alma no haya maldad, anhelo ni ninguna turbación. Al contrario, gracias a observar las cosas tal y como son, puedo valorarlas como se merecen".

Recibe lo bueno sin delirios de grandeza y piérdelo sin lamentarte.

¿Acaso existe algo que merezca causar que mi alma esté mal y se degrade al humillarme, lamentarme, hundirme o amedrentarme?

Si te entristeces con algo que no depende de ti, date cuenta de que no es eso lo que te apesadumbra, sino el pensamiento que te has forjado de ello. En tu mano está poder borrar tu aflicción. Si te entristece algo de ti mismo, ¿quién te impide rectificar? Si te entristece no realizar algo que te parece correcto, ¿por qué no lo realizas, en vez de entristecerte? Puede que me contestes: "Sí, pero se interpone algo que es más fuerte". Entonces no te entristezcas, porque no depende de ti la causa de que no se realice. Quizás me digas: "Sí, pero no merece la pena vivir sin realizarlo". Entonces, cuando te llegue la hora, podrás morir sin la preocupación de no haberlo hecho y podrás despedirte de esta vida como si lo hubieras realizado al mismo tiempo que perdonas a los que se interpusieron.

No añadas nada a las primeras representaciones de lo que recibes por tus sentidos. Te dicen que alguien habla mal de ti; eso te han dicho, pero no que te veas herido por ello. Ves que tu hijo está enfermo; eso ves, pero no significa que vaya a morir. Por tanto, quédate siempre en las primeras representaciones y no añadas nada de tu cosecha y así no sufrirás innecesariamente. Debes pensar como persona instruida y conocedor de las cosas que ocurren en el mundo.

Si encuentras un pepino amargo, tíralo. Si encuentras zarzas en el camino, apártalas. Deja de quejarte de por qué te suceden esas cosas.

La maldad, en forma genérica, no hace mal al Universo. La maldad, en términos particulares, no hace mal a los hombres por sí misma; sólo perjudica a aquellos que no se apartan de ella.

Para la piedra arrojada hacia arriba no hay nada malo en caer ni nada bueno en elevarse.[29]

La falta ajena hay que dejarla donde está.

Hay muchas cosas superfluas que te molestan y que puedes eliminar porque sólo existen en tu imaginación. Para ello, piensa en conjunto sobre la amplitud del universo, la eternidad del tiempo y el rápido cambio de la cosas en sus partes; frente a ello, piensa que breve es el tiempo que existe entre el nacimiento de alguna cosa en particular y su desaparición, pero que inmenso es el tiempo transcurrido antes de su nacimiento y que infinito es el tiempo que viene tras su desaparición.

Cuando te ofendas con la actitud desvergonzada de alguien, pregúntate en ese mismo momento: ¿puede no haber desvergonzados en el universo? Es imposible que no los haya. Por tanto, no pidas lo imposible. Ese hombre es uno de los desvergonzados que existe en el universo. Piensa lo mismo con el que es capaz de hacer cualquier cosa, con el que no es de fiar y con cualquiera que se equivoque. Recuerda que es imposible que no exista ese género de personas y así serás más comprensivo con ellos. (…) Además, te es posible convertir al descarriado. (…) ¿Qué mal o cosa extraña sucedió si el no instruido hizo lo propio del no instruido? Quizás el error sea tuyo y tengas que reprocharte a ti mismo por no haber esperado que lo normal es que ocurriese eso.

---

29 Metáfora de la *apatheia*, concepto sobre el que hablamos en la introducción sobre el estoicismo.

¿Qué esperas cuando te portas bien con una persona? ¿No te basta con haber actuado conforme a tu propia naturaleza, sino que quieres una recompensa? Es como si el ojo pidiera una recompensa por ver o los pies por caminar. Igual que esos órganos han nacido para eso y realizan la función que le es propia, el ser humano, que por naturaleza es bienhechor, cuando realiza una buena acción hace lo que le es propio.

Cuando te hayas aplicado los adjetivos de bueno, decente, sincero, de mente prudente, de mente paciente y de mente superior, agárrate a ellos y no los cambies ni corrompas. De mente prudente significa analizar cada cosa y actuar diligentemente. De mente paciente significa asumir lo que Naturaleza ha asignado en su reparto. De mente superior significa elevar tu alma sobre las sensaciones agradables o desagradables de la carne, la fama, la muerte y todo lo demás. (…) Si los mantienes, considera como si hubieses llegado a las Islas de los Bienaventurados[30]. Si alguna vez los pierdes, retírate a un lugar tranquilo hasta recuperar de nuevo el dominio sobre ti mismo; en caso de que no lo consigas, apártate de esta vida sin enfados, con sencillez, con libertad y con decencia.

El mayor bien es alcanzar lo justo, mientras que estar lejos de ello es el fracaso.

¿Te critica alguien si algo es justo y está bien? No te debe importar.

El Universo ama ver nacer todo lo que debe existir. Yo le digo al Universo que también amo con él.

---

30 En la mitología griega era el destino de la almas virtuosas tras su muerte.

Todas las cosas son las mismas aquí que en la cima de la montaña, en la playa o donde quieras. Recuerda lo que dice Platón: "Encerrado en un refugio en la montaña y ordeñando ovejas que balan"[31].

Date cuenta de que las cosas humanas son humo y nada; esto te será más fácil de ver si piensas que lo que cambia ya no será más en el tiempo infinito. Entonces, ¿por qué te preocupas? ¿Por qué no te conformas con concluir en orden la travesía de ese breve espacio de tiempo?

El ojo sano debe ver todo lo visible y no debe decir: "yo quiero el color verde", porque eso es propio de un ojo enfermo. El oído y el olfato sanos deben estar dispuestos para todo lo que puede oírse y olerse. El estómago sano debe tener la misma disposición para todos los alimentos, como el molino lo está para moler todo tipo de grano. Del mismo modo, la razón sana debe estar dispuesta para todos los sucesos. La que diga "que se salven mis hijos" y "que todos alaben lo que hago" resulta ser como el ojo que busca lo verde o los dientes que buscan lo tierno.

Si has hecho algo en favor de la comunidad, has sacado provecho de ello.

Si haces algo correcto según la razón, que no te aparten de ello los que se entrometen para obstaculizarte, pero que tampoco aparten de ti tu amabilidad hacia ellos. Mantente en estas dos

---

31 Hace referencia a la obra *Teeteto* de Platón. Compara a los tiranos y a los reyes con los pastores y declara que los primeros pueden ser más ignorantes que los segundos porque se encierran tras sus murallas sin instruirse y se vanaglorian de algo tan inútil como su genealogía.

cosas por igual: tanto en el buen juicio y la acción que vas a realizar, como en la benevolencia hacia los que intentan desviarte de dicha acción sana. Es una debilidad indignarte con ellos, así como abandonar la acción y ceder cuando te golpean. En ambos casos serías un desertor, en un caso por acobardarte y en el otro por enojarte con el que por obra de la Naturaleza es tu hermano y amigo.

En la Justicia se fundamentan el resto de las virtudes. No cumpliremos con lo justo si nos afecta lo que no es bueno ni malo o si somos fáciles de engañar, impetuosos o cambiantes.

Las cosas que te confunden no te persiguen o rechazan, sino que tú eres el que las busca. Que tu razón ponga paz dictaminando sobre ellas; de esta forma se quedarán quietas y no te verán perseguirlas ni rechazarlas.

¿Me despreciará alguien? Allá él. Yo, por mi parte, me ocuparé de no ser descubierto haciendo o diciendo algo merecedor de desprecio. ¿Me odiará alguien? Allá él. Yo seré amable, benévolo con todos y con el mismo que me odia, al que estaré dispuesto a mostrarle su desconsideración sin reproche ni fingiendo que se lo tolero, sino con franqueza y bondad, como Foción[32], que no fingía. Así debe ser tu interior y los dioses verán que no eres una persona vengativa ni quejosa.

Vive tu vida de forma feliz. Esa posibilidad reside en el alma, no perturbándose ante las cosas que no son motivo de turbación.

---

32 Foción (402 a.C. - 318 a.C.) fue un general ateniense, famoso por su honradez y vida austera. Fue siempre fiel a Atenas, pero acabó siendo condenado a muerte por tener una opinión favorable a Macedonia. Dicen que en el momento de beber la cicuta pronunció la siguiente frase: "Te ordeno que no guardes rencor a los atenienses por ésta, su copa de amistad que ahora bebo".

No se perturbará si estudia cada una de las cosas en su totalidad y recuerda que ninguna de ellas provoca en nosotros ninguna suposición ni tampoco nos afecta; en realidad, ninguna se mueve de su lugar y somos nosotros los que formamos juicios sobre ellas y las grabamos dentro de nosotros. Debemos no grabarlas en nuestro interior y, si así ocurre, debemos borrarlas de inmediato. Por lo tanto, si son conforme a la Naturaleza y te vienen, acéptalas y todo te será fácil. Si son contrarias a la Naturaleza, investiga que sería lo conforme a la Naturaleza y trabaja por ello aunque no esté bien considerado por los demás, porque existe perdón para todo aquel que persigue su propio bien.

Todo aquello que deseas alcanzar puedes tenerlo ahora mismo si dejas de ser tu propio rival. Para ello, deja atrás el pasado, pon el futuro en manos de la Providencia y trabaja en el presente dirigiéndolo hacia la virtud y la justicia; con la virtud aceptarás lo que Naturaleza te ha destinado, mientras que con la justicia, libremente dirás siempre la verdad y actuarás según la ley y la valía.

Aleja de ti, de tu mente, todo lo que los demás hacen o dicen, todo lo que tú mismo hiciste o dijiste y todo lo que te perturba del futuro (...). Aprende a vivir sólo lo que estás viviendo, el presente, y lo que te resta de vida podrás vivirlo sin turbación, conforme a tu espíritu divino.

Date cuenta de que dentro de ti tienes algo más fuerte que lo que provoca esos sentimientos que te manejan como una marioneta.

Piensa que todo es suposición[33] y ésta depende de ti. Suprime toda suposición y tendrás tranquilidad, como la hay para el que dobla un cabo, todo estará tranquilo y firme en un golfo sin olas.

Te en cuenta estos tres principios. En primer lugar, que tus actos no sean irreflexivos, fruto del azar, ni distintos a como la misma Justicia los hubiera realizado; respecto a los acontecimientos exteriores, piensa que se producen por casualidad o por obra de la Providencia, sin acusar a la una ni a la otra. En segundo lugar, recuerda cuál es la naturaleza del individuo desde su concepción hasta su primer aliento y desde su primer aliento hasta que devuelve el aliento de vida, así como de los meros elementos de los que está compuesto y en los que disolverá. En tercer lugar, piensa que si te elevaran por los aires y pudieras ver toda las cosas humanas y su variedad, las despreciarías al mismo tiempo que todas las que vuelan por el aire y la atmósfera; aunque muchas veces te elevaran verías lo mismo y su brevedad. De eso depende el delirio de grandeza.

No trabajes como un desgraciado ni para recibir compasión o admiración. Desea sólo una cosa, actuar y parar según lo necesite el bien común.

Cuando sufras con algo, recuerda que todo sucede según la Naturaleza del Todo y que el error no es tuyo, sino de otro; además, recuerda que todo lo que sucede ahora ha sucedido siempre así, seguirá sucediendo y está sucediendo ahora en todas partes.

La seguridad de la vida es analizar cada cosa en sí misma y por completo, cuál de sus partes es la material y cuál es su causa;

---

33 La suposición es la conjetura que se forma de las cosas.

hacer de corazón lo justo y decir la verdad. Después de todo ello, ¿qué falta para disfrutar de la vida más que unir buenas acciones con otras buenas acciones de forma que no quede entre ellas ni el más pequeño hueco?

LOS PESARES QUE NOS SUCEDEN EN LA VIDA

Debes aceptar lo que te ocurre y lo que se te ha asignado como algo que viene de allí de donde viniste.

La persona de bien debe aceptar y conformarse con lo que ocurre por ser su destino.

Date cuenta de que todo, incluso lo que sobreviene, en cuanto que es obra de la Naturaleza, tiene algún encanto y atractivo.

Aparta el "estoy perjudicado" y quedará apartado el perjuicio[34].

No te turbes por nada. Líbrate de tus preocupaciones. ¿Alguien hace algo mal? Se equivoca en perjuicio suyo. ¿Te ha sucedido algo? Debía ocurrirte. Desde el principio te fue asignado e hilado el destino de todo lo que te ocurre. En resumen: la vida es breve, hay que explotar el presente con prudencia y justicia.

Todo lo que ocurre sucede con justicia. (…) Haz lo que hagas sin dejar de ser bueno.

Estudia todos los tiempos de la historia y todos los pueblos. Descubrirás que las personas, tras atormentarse en vida por distintas cosas, murieron y dejaron de existir. Recuerda a los que tú mismo has conocido y les ha pasado lo mismo, murieron después de mucho sufrimiento al luchar contra su naturaleza y su destino sin conformarse con ellos. Por tanto, recuerda que debes valorar la importancia de cada hecho o acción; así no te preocuparás por cosas que no lo merecen.

---

34 Una de las claves del pensamiento estoico y en la que insistía mucho Epicteto era que las cosas sólo nos hacen daño si nosotros queremos que nos dañen representándonos el suceso como un mal.

¿Hacia donde debemos dirigir nuestro empeño? Sólo hacia los pensamientos justos, las acciones en favor del bien común, el tener una razón capaz de no equivocarse y el conformarnos con las cosas que nos ocurren como algo necesario, familiar y que tiene el mismo principio y origen que nosotros.

Entrégate voluntariamente a Cloto[35] para tejer con ella cualquier acción que desee.[36]

No hay que culpar a los dioses porque no se equivocan en nada, ni contra su voluntad ni a propósito. Tampoco a los hombres porque en nada se equivocan si no es contra su voluntad. En conclusión, no hay que culpar a nadie.

El sufrimiento está en aquella parte de tu ser que juzga que es malo. No juzgues nada como perjudicial y todo estará bien.

La vida es como un río de sucesos en rápida corriente. Cuando ves algo nuevo ha pasado de largo y pasa otra cosa distinta que también pasará.

Todo lo que ocurre es tan normal y cotidiano como la rosa en la primavera o la fruta en el verano. Esto ocurre con la enfermedad, la muerte, la injuria, las conspiraciones y todo lo que alegra o entristece a los estúpidos.

---

35 Cloto es una de las tres Moiras o Parcas, concretamente la que hilaba la hebra de la vida, fijando el destino de cada persona.
36 Marco Aurelio dice que debemos aceptar lo que nos sucede como designio del destino, sin sufrimiento.

Igual que los seres forman un conjunto armonioso, los acontecimientos no suceden unos y otros sin más, sino que tienen una afinidad admirable.

Dices: "soy desgraciado porque esto o aquello me ocurrió a mí". Di, sin embargo: "soy afortunado porque, a pesar de haberme ocurrido esto o aquello, no sufro por ello, no me agobia el presente ni temo el futuro". Podría haberle sucedido a cualquiera; sin embargo, cualquiera no habría permanecido sin pena por ello. (…) ¿Acaso crees que es desgracia del hombre lo que es conforme a la naturaleza humana? ¿Crees que es desacierto de la naturaleza humana lo que no va contra el propósito de su naturaleza? Entonces, habrás aprendido su propósito. Ningún suceso te impide ser justo, tener buen ánimo, ser prudente, tener cabeza, no precipitarte, no ser mentiroso, tener vergüenza, ser libre y las demás cualidades que, si están presentes, hacen que la naturaleza obtenga lo que le es propio. De ahora en adelante, recuerda usar esta máxima ante cualquier circunstancia que te provoque pena: no es una desgracia y soportarlo con nobleza es virtuoso.

Confórmate con todo lo que te acontece aunque te parezca desagradable porque te lleva a la salud del Universo, al éxito y a la buena fortuna de Júpiter. No le depararía eso el destino a nadie si no le conviniera al Todo. Ni siquiera la Naturaleza depara casualmente algo que no le es apropiado al que está bajo su gobierno.[37]

A nadie le ocurre algo que no sea capaz de soportar.

---

37 Defiende que existe una armonía en el Universo y que el destino establece que a cada uno le ocurre sólo lo que al Todo le conviene. Por tanto, no deberíamos sentirnos desesperados por lo que nos ocurre porque así lo determina la Naturaleza de la que formamos parte, como miembros de un Todo.

Lo que no es perjudicial para la ciudad tampoco es perjudicial para el ciudadano. Aplica esta regla ante toda situación en la que te veas perjudicado. Si la ciudad no es perjudicada por ello, tampoco yo me perjudico. Si la ciudad es perjudicada, no hay que enfadarse con quien la perjudica, sino que hay que enseñarle lo que es correcto.[38]

Piensa que nada es duradero, ni siquiera lo que parece seguro. Piensa en la inmensidad del pasado y del futuro y en que todo acaba. Entonces, ¿no es una locura enorgullecerse, atormentarse o enfadarse ante los hechos molestos como si estos fueran a durar eternamente?

Recuerda que eres una pequeñísima parte de una totalidad y de que en la eternidad se te ha asignado una brevísima parte del tiempo.

Convive con los dioses quien se conforma con lo que se le asigna y hace todo lo que quiere su espíritu divino, el cual Júpiter entregó a cada uno como guía y conductor y que es un fragmento de sí mismo. Se trata de la inteligencia y la razón de cada uno.

La substancia es dócil y modificable. La Razón que la gobierna no tiene motivos para hacer el mal. La Razón no tiene maldad, no hace nada malo ni a nada perjudica.

El Logos, que lo gobierna todo, conoce su naturaleza, lo que hace y la materia sobre la que actúa.

---

38 Marco Aurelio, como muchos estoicos, daba una gran importancia al bien común.

El Logos hace que ocurra todo como él quiere.

Las cosas pueden ser la unión desordenada de elementos y el fruto del azar o pueden ser ordenadas y decisión de la Providencia. (...) Si es lo primero, ¿por qué te perturbas? Me basta con sobrevivir y esperar a que llegue la disgregación[39]. Si es lo segundo, debo estar tranquilo y confiar en la Razón que gobierna el mundo.

Nada te podrá ocurrir al margen de los principios de la Naturaleza.

Hay personas que sufren por lo que les sucede. (...) Yo, por mi parte, si no creo que lo que me sucede sea malo, no podré sentir daño alguno. Y tengo la capacidad de no creerlo.

(Citando una obra trágica no identificada) "Hay que soportar el viento de los dioses y sus trabajos sin queja".

Aquel que se entristece o se enfada por algún suceso es igual que el cochinillo que patalea y gruñe mientras está siendo sacrificado; es lo mismo que aquel que se lamenta sobre su cama por los designios del destino. Sólo el animal racional puede aceptar voluntariamente todo lo que le sucede porque es aceptar, sin más, lo inevitable.

El arte de vivir es más parecido al de la lucha que al de la danza, porque debemos estar preparados para sostener sin caerse lo que nos ocurre de improviso.

---

39 La disgregación llegará con la muerte.

Ante la mayoría de los sufrimientos te será de ayuda el dicho de Epicuro: "no es insoportable ni eterno si recuerdas sus límites y no haces conjeturas".

Si algo depende de ti, ¿por qué lo haces? Si depende de otros, ¿a quién culpas, a los átomos o a los dioses? Es de locos en los dos casos. Si culpas a otro hombre, no se lo reproches, sino que corrígelo y, si no te es posible, corrige la consecuencia de sus actos; si tampoco puedes, ¿para qué quejarte si nada puedes hacer? No debe hacerse nada si es en vano.

No reflexiones en general sobre cuáles y cuántos pesares te pasarán. Piensa en el que tienes en este momento y qué es lo que tiene de intolerable e insoportable. Te sentirás avergonzado al darte cuenta. Posteriormente, recuerda que no te pesa el futuro ni el pasado, sino siempre el presente. Pero las penas presentes son poca cosa si lo reduces a lo que realmente son y te reprochas el no poder enfrentarte a ellas sin más.

A ningún hombre puede sucederle nada que no sea un accidente propio de un hombre, ni a una vaca lo que no sea propio de una vaca, ni a una viña lo que no sea propio de una viña, ni a una piedra lo que no sea propio de una piedra. Entonces, ¿si a cada uno le sucede lo que está en su costumbre y su naturaleza, por qué te irritas? La Naturaleza no permitirá que te suceda nada que te sea insoportable.

Cualquier suceso que te ocurra sucede de tal forma que puedes soportarlo o que no puedes soportarlo. Si puedes soportarlo, no te irrites y sopórtalo según tu naturaleza; si no puedes soportarlo, no te irrites porque te consumirá rápidamente. Pero, en todo caso, recuerda que tu naturaleza te permite soportar todo lo que tu pensamiento puede hacer soportable y tolerable al representártelo como algo que te conviene o que es tu deber.

Lo que te puede suceder está dispuesto previamente desde la eternidad. La combinación de las causas ha entretejido el destino de tu existencia y los sucesos que en ella ocurren.

Lo primero que debo saber es que soy parte de un Todo gobernado por la Naturaleza. (…) Si recuerdo que soy parte de un Todo, me conformaré con cualquier suceso que me ocurra.

La inteligencia y la razón pueden avanzar tal y como corresponde a su naturaleza y ante cualquier oposición. (…) Lo demás son obstáculos para el cuerpo, que ya es cadáver, pero no pueden hacer ningún daño ni mal a la razón (…). Es más, incluso se hace mejor el hombre y más digno de alabanza si se enfrenta rectamente a los contratiempos.

Cuando otros hacen algo mal, es contra su voluntad y por ignorancia, porque cualquier alma se ve apartada de la verdad contra su voluntad. (…) Tú también cometes muchos errores y eres igual que los demás. (…) Cuando sientas una gran indignación o algo te siente muy mal, recuerda que la vida humana es momentánea y dentro de poco todos estaremos bajo tierra. Además, no son las acciones de los demás las que nos irritan, sino las opiniones que nos hemos formado de ellas; no juzgues sus acciones como molestas para ti y tu cólera desaparecerá. (…) Es mayor el mal que nos produce nuestra cólera y tristeza que las cosas por las que nos enfadamos y entristecemos. Por último, la amabilidad es invencible si es sincera; permanece amable con el más violento de los hombres, hazle comprender que no hemos nacido para esto, sino para actuar de otra forma y que actuando así no te hace daño a ti, sino que se lo hace a sí mismo. (...) La condescendencia y la mansedumbre es más humana y demuestra más fortaleza, gallardía y valentía que la tristeza y la cólera, que son propias del débil. (...) Es de locos pedir que los malvados no cometan malas acciones, porque sería desear algo imposible; por otro lado, si pides que no cometan ninguna falta contigo, sería una actitud propia de ignorantes y tiranos.

EL MIEDO A LA MUERTE

¿Qué es morir? Si uno viera la muerte en sí misma y reflexionara sobre ella sin las supersticiones que se le añaden, descubriría que es obra de la Naturaleza. Tenerle miedo a una obra de la Naturaleza es pueril.

Lo mismo deja atrás el que vive mucho tiempo como el que vive poco, porque sólo es el presente lo que pierde. El presente es lo único que tiene y no se puede perder lo que no se tiene.

La muerte es sólo la disgregación de los elementos de los que está compuesto cada ser vivo.

Hipócrates[40], tras curar muchas enfermedades, enfermó y murió. Los caldeos, que predijeron la muerte de muchas personas, también fueron arrebatados por el destino. Alejandro, Pompeyo y Cayo César, tras haber arrasado completamente tantas ciudades y muchas decenas de millares de tropas de caballería e infantería, también dejaron atrás la vida. Heráclito[41], tras haber estudiado la naturaleza del universo en fuego, murió lleno de agua por dentro y embadurnado de boñiga[42]. A Demócrito[43] lo mataron los piojos. Otros piojos[44] mataron a Sócrates. ¿Qué quiere decir todo esto? Te embarcaste, navegaste y arribaste. Desembarca. Si es a otra vida, nada está vacío de dioses,

---

40 Hipócrates de Cos (s.V-IV a.C.), médico de la Antigua Grecia, considerado como uno de los "padres de la medicina".
41 Heráclito de Éfeso (s. VI-V a.C.), filósofo griego.
42 Muchos pensaban que cubrirse el cuerpo con boñigas remediaba la hidropesía.
43 Demócrito (s.V-IV a.C), filósofo griego. Sin embargo, varios estudiosos dicen que Marco Aurelio lo confunde con Ferécides de Siros (s. VI a.C.), otro filósofo griego.
44 Se refiere, despectivamente, a aquellos que acusaron a Sócrates injustamente.

también estarán allí. Si es en la insensibilidad, dejarás de soportar sufrimientos y placeres, dejarás de ser esclavo de un recipiente inferior a lo superior que manda sobre él; porque mandan la inteligencia y el espíritu divino, mientras que sus sirvientes son mezcla de tierra y despojos sanguinolentos.

La materia de todos los cuerpos se pudre y es agua, polvo, huesos y hedor. El mármol no es más que durezas que se producen en la tierra; el oro y la plata son sedimentos; el vestido son pelos de animal; la púrpura es sangre[45] y todo lo demás es parecido.

Si todos los hombres desconfían de que uno viva con sencillez, decoro y amabilidad, no te irrites con ninguno de ellos ni te apartes del camino que conduce al final de la vida. Para ello es necesario marchar puro, tranquilo, liberado, compenetrado con tu destino y sin violencia.

La muerte es como el nacimiento, un misterio de la Naturaleza; la composición se produce a partir de los mismos elementos a los que da lugar la desintegración. La muerte no debe humillarnos porque no es contrario a lo propio de un animal inteligente ni a la razón de su constitución. Es totalmente natural. Quien no lo quiere, es como si quisiera que la higuera no tuviera su savia. Acuérdate de que tanto tú como ese otro estaréis muertos en el más brevísimo plazo de tiempo y poco después ni siquiera permanecerá vuestro nombre.

---

45 Como ya dijimos en otro apartado, el púrpura era el color que representaba el lujo en la Antigua Roma y era especialmente utilizado en las ropas usadas en los actos ceremoniales.

Surgiste como parte de algo. Desaparecerás uniéndote al que te engendró; es más, con ese cambio serás devuelto a la Razón creadora.[46]

Hay muchos granos de incienso en el mismo altar[47]. Unos se depositaron antes y otros después. No importa.[48]

Al igual que si algún dios te dijera "morirás mañana o dentro de dos días" no harías gran diferencia entre mañana y dos días, la misma importancia debes darle si la muerte te va a llegar mañana o en un año lejanísimo.

Lo humano es flor de un día, lo que ayer era simple mucosidad[49] será momia y cenizas el día de mañana. Ese corto espacio de tiempo hay que vivirlo conforme a la Naturaleza y morir con buen ánimo, como la aceituna que ha madurado y caído al suelo, dando gracias a la tierra y al árbol del que nació.

Existe un remedio vulgar, aunque práctico, para no tener miedo a la muerte: piensa en todos aquellos que se empeñaron en vivir mucho tiempo hasta ser ancianos. ¿Qué ventaja tienen respecto a los que murieron jóvenes? Al final, todos están muertos.

Alejandro de Macedonia[50] y su mozo de caballos quedaron reducidos a lo mismo tras morir. Regresaron a la esencia generadora del Universo o quedaron reducidos a átomos.

---

46 Aquí defiende la opinión de muchos estoicos de que al morir volvemos al origen; es decir, al *Logos* del que formamos parte.

47 En numerosas religiones, el incienso se quemaba en los altares.

48 Aquí Marco Aurelio nos dice que todos moriremos, unos antes y otros después, todos tenemos el mismo destino final y no debemos preocuparnos por ello.

49 Referencia al semen, la procreación o al momento del nacimiento de la vida.

50 Se refiere a Alejandro Magno.

La muerte pone fin a las reacciones de los sentidos, a que te manejen los impulsos como si fueras una marioneta, a los desvaríos de la reflexión y a la esclavitud de las pasiones.

Quien teme la muerte, teme perder dejar de percibir por los sentidos o teme sentir de manera diferente. Pero si dejas de percibir por los sentidos tampoco percibirás ningún mal; si, por el contrario, adquieres una percepción distinta, serás un ser distinto y no dejarás de vivir.

No desprecies la muerte, sino que confórmate con ella como si fuera algo que quiere la Naturaleza. Hacerse joven, envejecer, crecer, estar en plenitud, que te salgan los dientes, la barba, las canas, el engendrar, estar embarazada, dar a luz y todos los procesos naturales de las distintas fases de la vida son lo mismo que la propia descomposición[51]. Respecto a la muerte, la reflexión correcta de los hombres debe ser la siguiente: no se debe tener frente a la muerte una actitud grosera, impetuosa ni arrogante, sino que debe esperarse como una de las funciones naturales. Así como esperas el instante en que tu hijo sale del vientre de tu mujer, de esa forma debes aceptar la hora en que tu alma escapará de este envoltura.

Tendrás una actitud más benevolente con la muerte si te paras a pensar en las cosas de las que te vas a liberar y con la gente con la que ya no tendrás contacto y no podrán contaminar tu alma.

---

51 Concepción de la muerte como una fase más de la vida.

Las distintas fases de nuestra vida, como son la infancia, la adolescencia, la juventud, la vejez y cualquier cambio de una a otra, son una forma de muerte. ¿Acaso hay en ellas algo malo?

Nadie es tan afortunado que al morir no aparezcan algunos que se alegren de su muerte. Si es un hombre justo y sabio dirán: "Por fin respiraremos, sin ese represor. No se llevaba mal con ninguno de nosotros, pero seguro que nos censuraba en secreto". Si eso pasa con el sabio, imagínate con nosotros con los que habrá muchos más motivos por los que deseen nuestra marcha. Por eso debes pensar que dejas atrás una vida en la que tus propios allegados, por los que tanto luchaste, rezaste y te preocupaste, quieren que te retires con la esperanza de obtener algún beneficio de ello. Sin embargo, a pesar de eso, no te marches tratándolos con menos amabilidad, sino que, al igual que siempre, hazlo siendo cariñoso, benévolo, indulgente y no como si fueras arrancado violentamente de esta vida. El alma se separa del cuerpo amablemente en aquel que muere bien; del mismo modo debes separarte de los demás, que te acompañan en esta vida porque también la Naturaleza te ató y unió a ellos. La misma Naturaleza te desune ahora. Sepárate como si te apartaras de tu familia, sin resistirte y sin violencia; este también es un comportamiento conforme a la Naturaleza.

Recuerda que dentro de poco no serás nada en ningún sitio. Tampoco serán nada todo lo que ves y los que ahora están vivos. Por Naturaleza todo cambia, se modifica y se destruye para que surjan nuevas cosas sin interrupción.

La Naturaleza nos brinda el momento oportuno y el límite (…) Lo que conviene al Todo es hermoso y se produce en el momento justo. El cese individual de la vida no es malo, porque no es motivo de deshonra si es involuntario y no va contra la comunidad; al contrario, es bueno porque en relación al Todo es oportuno y beneficioso.

LA CONVIVENCIA CON LOS DEMÁS

Aquel que comete la falta es hermano mío, no por sangre y carne, sino por participar de la misma inteligencia y espíritu divino[52], por lo que no puedo enfadarme con él ni odiarlo, porque es de mi familia. Hemos sido hechos para colaborar unos con otros al igual que sucede con los pies, las manos, los párpados o las filas de los dientes superior e inferior. Tener conflictos unos con otros es contrario a la Naturaleza y es un conflicto el enfadarse e ignorar a los otros.

Todo los seres racionales son del mismo linaje y la preocupación por todos los hombres es conforme a su naturaleza, pero no hay que dar importancia a la opinión de todos, sino sólo a la de los que viven conforme a la Naturaleza.

Es un mendigo el que necesita de otro y no tiene en sí mismo todo lo útil para la vida.

Razona y actúa según dispone la Naturaleza. Que no te importe la crítica de los demás, porque si está bien hecho o bien dicho, has actuado dignamente.

¿Alguien se equivoca conmigo? Allá el. Suya es su voluntad y sus actos. Yo sólo hago lo que la naturaleza común quiere que haga y lo que mi naturaleza individual me manda.

Que otros hagan o digan lo que quieran, yo estoy obligado a ser bueno. Es como si el oro, la esmeralda o la púrpura dice: "que otros hagan o digan lo que quieran, estoy obligado a ser esmeralda y mantener mi color".

---

52 Debemos recordar que, entre los estoicos, todos los seres humanos son hermanos porque participan del mismo Logos universal.

Es propio del hombre amar también a los que se equivocan. Son tu congéneres y se equivocan por ignorancia y contra su voluntad. Dentro de poco, todos estaréis muertos; nada de lo que hicieron te pudo perjudicar, porque no han hecho peor a tu alma.

En los ejercicios físicos recibimos heridas de los compañeros de gimnasia y no nos enfadamos con ellos porque pensamos que no hay insidia[53]. Actúa igual en la vida y evita a los que pueden dañarte, pero no sospeches de ellos ni los odies.

Si alguien puede rebatirme y probarme que pienso o actúo equivocadamente, cambiaré de opinión agradecido. Busco la verdad, que jamás perjudicó a nadie. Se perjudica el que persiste en su propio engaño e ignorancia.

Trata dignamente a los animales y a las cosas que posees, ya que carecen de razón. A las personas, que son racionales, trátalos como miembros que son de tu comunidad.

Es desagradable no dejar a las personas hacer lo que creen adecuado y conveniente. Sin embargo, te irritas si se equivocan. Pero piensa que sólo se dejan llevar por lo que piensan adecuado y conveniente; enséñales lo que es correcto sin irritarte.

Soporta a los que se expresan con libertad contra tus opiniones y agradecéselo a aquel que tiene una idea mejor que la tuya.

---

53 En el ejercicio físico en grupo pueden recibirse golpes o producirse heridas sin mala fe.

Acostúmbrate a las cosas que te han tocado por azar. Ama, pero de verdad, a las personas con las que te ha tocado vivir.

Presta atención a lo que otra persona te dice y, en la medida de lo posible, penetra en el alma del que te habla.

Nadie te podrá impedir vivir según los principios de tu naturaleza.

Que no te avergüence pedir ayuda para realizar las tareas que te corresponden.

Los seres racionales, aunque estén separados, han sido creados para colaborar entre ellos.

Cuando has actuado bien y los demás han sacado provecho, ¿por qué buscas además de eso, como hacen los necios, que te reconozcan como bienhechor o que te den una recompensa?

Recuerda que sigues siendo libre cuando cambias de opinión u obedeces al que te corrige. En esos caso actúas siempre bajo tu discernimiento, juicio y reflexión.

Los hombres han nacido unos para los otros. Por lo tanto, enseña a los demás o sopórtalos.

Al igual que hay un alma no inteligente para los seres irracionales, hay un alma inteligente para los seres racionales. Del mismo modo, existe una sola tierra para todos los seres terrestres, racionales e irracionales, y entre todos compartimos una misma luz y un mismo aire.

Entre los animales irracionales hay enjambres, manadas, cuidados a los polluelos e incluso algo similar al amor porque son seres animados y al ser una forma superior tienen tendencia a reunirse, siendo algo que no existe entre las plantas, las piedras o la madera. En los seres racionales hay organizaciones sociales, amistades, familias, asociaciones e incluso en las guerras hay pactos y treguas. Por tanto, entre los seres aún más superiores[54], aunque existan diferencias, subsiste algún tipo de unión, como ocurre con los astros. (…) Sin embargo, los seres inteligentes han olvidado esa tendencia de atracción, convergencia y concordia. A pesar de ello, la Naturaleza es poderosa y los alcanza. Por eso, si observas bien, verás como es más fácil encontrar a un ser terrestre despegado de la tierra que al hombre despegado del hombre.

Si puedes, corrige a los equivocados. Si no puedes corregirlos, recuerda que debes ser benevolente.

Al mismo tiempo que tú eres integrante de una sociedad, tus actos deben integrarse en la vida social. La acción que no tenga relación inmediata o lejana con el fin social daña tu vida, te aísla y rompe la armonía, tal y como ocurre cuando de un pueblo se separa una parte del mismo.

Si alguien ha cometido una falta, allá él; pero piensa que quizás no se equivocó.

Cuando te enfades por el error de alguien, piensa en los errores semejantes que tú cometes. Por ejemplo, valorar como buenos el placer, la fama y cosas similares. Entonces desaparecerá tu enfado y te darás cuenta que la otra persona ha actuado igual

---

54 Marco Aurelio, al igual que otros filósofos, distingue entre las categorías siguientes: seres inanimados (por ejemplo, las piedras o las plantas); seres superiores a los anteriores, que son los seres animados, pero irracionales (los animales); otros seres aún superiores a los anteriores, que son los seres animados y racionales (los seres humanos).

que tú, porque se cree obligado por las mismas cosas y no puede actuar de otra manera. Si puedes, ayúdale a librarse de lo que le obliga.

APÉNDICE QUE CONTIENE ÍNTEGRAMENTE EL LIBRO I DE LAS *MEDITACIONES* DE MARCO AURELIO

1.- De mi abuelo Vero: el buen carácter y el no enfadarme con facilidad.

2.- De la fama y recuerdo de mi padre, la decencia y la virilidad.

3.- De mi madre: la devoción religiosa, la generosidad y el abstenerse de hacer daño o de tener la idea de hacerlo; la sencillez en su forma de vida, lejos de las costumbres de los ricos.

4.- De mi bisabuelo: no frecuentar las escuelas públicas, disfrutar de buenos maestros en casa y pagarles de forma generosa.

5.- De mi preceptor[55]: no ser de los verdes ni de los azules en el circo, ni de los del escudo tracio; ni de los del samnio en el anfiteatro[56]; necesitar poco; realizar mis obligaciones por mí mismo; saber estar tranquilo y no hacer caso a las calumnias.

6.- De Diogneto[57]: no buscar la frivolidad; desconfiar de las palabras de los supersticiosos y los charlatanes sobre encantamientos, exorcismos y cosas similares; no jugar a la codorniz[58] y no a otras frivolidades; aceptar las opiniones de los demás; aficionarme a la filosofía; escuchar a Baquio[59], a Tandasis[60] y a Marciano[61]; a escribir diálogos desde que era un

---

55 No sé sabe su nombre.
56 Distintas facciones del circo que tenían sus seguidores y aficionados propios.
57 Diogneto fue maestro de Marco Aurelio durante su adolescencia.
58 Juego entre dos personas en el que una codorniz recibía golpes en la cabeza para evitar que saliera de un círculo dibujado en el suelo.
59 Filósofo platónico del siglo II d.C.
60 Se desconoce quién era. Posiblemente un filósofo.
61 No sé sabe quién era.

niño; a anhelar el camastro con su pellejo y cosas semejantes propias del entrenamiento helénico[62].

7.- De Rústico[63]: convencerme de que era necesario corregir mi carácter; no imitar a los sofistas, ni escribir sobre teorías, ni dar discursos exhortativos ni exhibirme con ostentación como hombre ascético y bienhechor; haberme apartado de la retórica, del arte poético y del preciosismo; no pasearme por casa con ropa solemne ni cosas similares; escribir las cartas con estilo sencillo, como la que él mismo escribió a mi madre desde Sinuesa[64]; no enfadarme y estar dispuesto a reconciliarme con los que tienen mal carácter y me ofenden; a leer con detenimiento y a no conformarme con hacerme una idea genérica; no dejarme convencer con facilidad por los que charlan en demasía; conocer los apuntes de Epicteto, los cuales me prestó siendo suyos.

8.- De Apolonio[65]: ser libre y no depender de la suerte; no tener otra guía que la razón; mantenerme firme en los dolores agudos, en la pérdida de un hijo y en las enfermedades graves; aprender de su propia forma de ser como una persona puede ser fuerte y dulce al mismo tiempo; no enzarzarme en los comentarios filosóficos; ver a un hombre que, a pesar de tener gran experiencia y habilidad de transmitir sus teorías, lo hacía humildemente; aprender cómo hay que tomarse los favores aparentes de los amigos sin dejarse ganar por ellos ni rebajar su valor.

---

62 Posiblemente se refería al austero entrenamiento espartano.
63 Junio Rústico, cónsul romano y seguidor de la filosofía estoica que fue de gran influencia en la personalidad de Marco Aurelio.
64 Ciudad de la Campania.
65 Apolonio de Calcedonia, filósofo estoico.

9.- De Sexto[66]: el buen ánimo; el ejemplo de su casa dirigida de manera patriarcal; vivir conforme a la naturaleza; la solemnidad sin adornos superfluos; la preocupación solícita por los amigos; tolerar las creencias de los ignorantes; tratar con todo el mundo agradablemente ganándose el respeto de los demás; saber concretar los principios que deben dirigir la vida; no manifestar cólera ni de ninguna otra pasión, sino ser tranquilo y afectuoso; no ser pedante ni presumir de sus amplios conocimientos.

10.- De Alejandro, el gramático[67]: no hacer reproches; no atacar con críticas las expresiones bárbaras, incorrectas o disonantes, sino tener la habilidad de expresar justamente aquello que debería haberse dicho a modo de respuesta, ratificación, reflexión conjunta o alguna otra insinuación armoniosa sobre al asunto en sí, no sobre la forma de expresarlo.

11.- De Frontón[68]: descubrir como la tiranía puede ser envidiosa, hipócrita y voluble; así de como, en general, los patricios no tienen sentimientos hacia los demás.

12.- De Alejandro, el platónico[69]: evitar decirle a alguien de palabra o por escrito que no se tiene tiempo, así como a no eludir en exceso las relaciones sociales utilizando como excusa el exceso de trabajo.

13.- De Cátulo[70]: no ignorar las quejas de los amigos, incluso si no tienen razón, e intentar restaurar la amistad; alabar a los

---

66 Sexto Queronea, filósofo estoico.
67 Alejandro de Cotieo, maestro de gramática de Marco Antonio.
68 Marco Aurelio Frontón, senador romano, además de maestro y amigo personal de Marco Aurelio.
69 Alejandro de Seleucia, filósofo sofista.
70 Filósofo estoico del que sólo se conoce su nombre.

maestros, como hacían Domicio y Atenodoto[71]; tener un amor verdadero hacia los hijos.

14.- De Severo[72]: el amor a los familiares, el amor a la verdad y el amor a la justicia; conocer a Tráseas, Helvidio[73], Dión y Bruto[74] y haberme enseñado un gobierno fundado en la igualdad ante la ley, la equidad y la libertad de expresión de los súbditos; la constancia y la perseverancia en la honra de la filosofía, en hacer el bien y compartir; en no desconfiar del afecto de los amigos; reprender a aquellos que lo merecen; actuar de manera que los amigos sepan lo que quieres y piensas sin dar lugar a ninguna duda.

15.- De Máximo[75]: el dominio de uno mismo y no dejarse llevar por los impulsos; tener buen ánimo en los momentos difíciles y, especialmente, en las enfermedades; tener un carácter dulce a la vez que noble; realizar los trabajos propuestos sin quejas; inspirar confianza en los demás haciendo lo mismo que se piensa, demostrando que se actúa sin maldad; no admirarse ni asombrarse ante las cosas; no tener prisa ni demorarse; no quedar abatido con una mueca ni, al contrario, enojado y receloso; ser bienhechor, perdonar y no mentir; dar imagen de que eres un hombre recto, justo y sincero; no mirar con ánimo de superioridad a los demás; gastar bromas con buena intención.

---

71 De Domicio y Atenodoto sólo sabemos que eran filósofos estoicos.
72 Claudio Severo, filósofo aristotélico que se casó con una de las hijas de Marco Aurelio.
73 Senadores romanos que era seguidores del estoicismo y que fallecieron víctimas de la persecución de los emperadores Nerón y Vespasiano, respectivamente.
74 Dion y Bruto fueron protagonistas de una de las *Vidas Paralelas* de Platón.
75 Cluadio Máximo fue pretor, cónsul y procónsul. Era amigo personal de Marco Aurelio y también era seguidor del estoicismo.

16.- De mi padre[76]: la gentileza, la firmeza inquebrantable es sus decisiones, fruto de una madura reflexión; no vanagloriarse de los honores, igualmente engañosos; ser perseverante y amigo del esfuerzo; escuchar a todo aquel que tiene algo que proponer para el bien público; dar a cada uno según su valía; saber cuando se necesita tensión y cuando relajación; renunciar a las relaciones con adolescentes[77]; la preocupación por el bien común; no obligar a sus amigos a que coman o viajen con él a la fuerza, sino que los que trataba por igual que a aquellos que tenían que ausentarse debido a sus necesidades; el interés y cuidado que ponía en las reuniones de consejo; saber mantener a sus amigos; ser autosuficiente en todo y permanecer radiante; prever sin dramatizar, con tiempo y por anticipado lo ínfimo; frenar durante su mandato las aclamaciones y adulaciones; cuidar de las necesidades del imperio, ser ecónomo de los gastos públicos y capaz de encajar la crítica de algunos sobre tales actitudes; con relación a los dioses, el no ser supersticioso; con relación a los hombres, no ser demagogo, obsequioso, ni buscar el favor del pueblo, sino ser sobrio y seguro en todas las ocasiones, no ser vulgar ante la belleza ni dejarse deslumbrar ante la novedad; sobre aquello que hace la vida fácil y que con abundancia proporciona la fortuna, hacer uso sin excesos y sin excusas, de forma que si estaban a mano las utilizaba sin preocupación, pero que si estaban ausentes no las precisaba; que ninguno pudiera decir que era un sofista, un impostor o un pedante, sino que era un hombre cabal, íntegro, ajeno al halago, así como capaz de ponerse al frente de los asuntos propios y ajenos; su aprecio a los que hacen filosofía de verdad, sin ser excesivamente crítico con el resto ni dejarse llevar por ellos; su buena compañía y donaire; preocuparse de su propio cuerpo con mesura, no como si tuviera apego a la vida, sin maquillarse pero

---

76 Referido a su padre adoptivo, Antonino Pío. Fue emperador de Roma desde el año 138 al 161. Marco Aurelio se casó con su hija, Faustina la Menor, y fue adoptado por Antonino.
77 Referida a la práctica homosexual con muchachos.

sin tampoco abandonarse, de manera que gracias a su diligencia apenas necesitó de la medicina; ceder terreno sin prejuicios a los que estaban en posesión de alguna capacidad como la de la elocuencia, el conocimiento de las leyes, las costumbres u otros asuntos y colaborar con entusiasmo con ellos para que tuviesen buena reputación; todos sus actos los hacía de acuerdo con las tradiciones patrias[78]; no cambiar constantemente, sino frecuentar los mismos lugares y hechos; tras sufrir fuertes dolores de cabeza, volver a sus trabajos habituales con energía y vigor; no tener muchos secretos, sólo los mínimos, en muy rara ocasión y por el bien común; su prudencia y moderación en la realización de los espectáculos, obras públicas, repartos[79] y cosas similares, sin pretender la fama por ello; no bañarse a deshora, ni hacer constantemente obras[80]; no preocuparse de las comidas, del tejido o color de sus ropa ni de que sus esclavos estuvieran en sazón; la ropa que le llegaba desde Lorio[81] desde su villa de abajo y muchas cosas de Lanuvio[82]; como trató al recaudador de Túsculo[83], que se excusaba y todo ese tema[84]; no era rudo ni inexorable, pero tampoco tan turbulento que uno pudiera llegar a decir que incluso sudó[85], sino que todos sus comportamientos eran razonados con detenimiento, sin turbación, con orden, con fuerza y sin contradicciones; se le podría aplicar la anécdota referida a Sócrates de que podía al tiempo abstenerse y disfrutar de aquello por lo que la mayoría en caso de abstinencia se siente débil y en caso de disfrute se dejan llevar por los

---

78 Varios investigadores consideran que es una interpolación.
79 Habitualmente se hacían repartos gratuitos de aceite, vino, semillas u otras viandas entre los habitantes de Roma.
80 Referido a las obras en su propia casa.
81 Actualmente es Castel di Guido. Está cerca de Roma y allí tenía un palacio Antonino.
82 Ciudad del Lacio en la que nació Antonino.
83 Ciudad cercana a Lanuvio.
84 Se desconoce qué ocurrió con el recaudador citado y como actuó Antonino.
85 Creencia de que las personas coléricas tienden a sudar.

excesos[86]; ser fuerte y resistente y en ambas cosas ser sobrio, como ocurrió en la enfermedad de Máximo.

17.- De los dioses: haber tenido buenos abuelos, buenos padres, buena hermana, buenos maestros y buenos parientes; en cuanto a los amigos el ser casi todos buenos; no faltarle a ninguno de ellos a pesar de la disposición de mi carácter[87], pero gracias a los dioses no fui sometido a tal cantidad de hechos que pudiera provocar una reacción colérica; no ser criado demasiado tiempo en la casa de la concubina de mi abuelo; haber mantenido la flor de la juventud y no haberme hecho hombre antes de su momento, sino haber tardado en hacerlo[88]; haberme subordinado a mi emperador y padre que, con su ejemplo, me quitó los delirios de grandeza e hizo que me diera cuenta de que es posible vivir en la corte sin guardias, ropas lujosas, candelabros, estatuas y otras cosas suntuosas, sino que, al contrario, debemos hacernos pequeños y acercarnos al ciudadano normal sin por ello descuidar nuestros deberes; tener a un hermano[89] que me dio ejemplo con su recta actitud sin dejar de alegrarme con su estima y amor; que mis hijos no fueran torpes ni contrahechos; no aficionarme en exceso a la retórica, la poética y otras cosas en las que quizá me hubiera centrado si hubiera progresado en ellas; haberme adelantado a los deseos de mis maestros colocándolos en el puesto de honor que creía que anhelaban y no haberlo pospuesto con la esperanza de que siendo jóvenes lo harían posteriormente; conocer a Apolonio, a Rústico y a Máximo; el conocer la vida conforme a la Naturaleza

---

86 Platón relató en *Banquete* que Sócrates podía abstenerse más que nadie de comer y beber sin sufrir por ello, pero que sí había comida o bebida disfrutaba más que nadie porque, además, bebía sin emborracharse.
87 El mismo Marco Aurelio reconocía que tenía tendencia a ser iracundo.
88 Se refiere a la abstinencia de relaciones sexuales.
89 Lucio Vero, adoptado también por Antonino y emperador junto a Marco Aurelio.

de modo que si no viviese según la misma no dependiera de los dioses o sus iluminaciones, sino que sería responsabilidad mía por no seguir sus advertencias; que mi cuerpo resista pese a tan trabajosa vida; no entrar en contacto con Benedicta ni con Teodoto[90], sino esperar a curarme tras haber sufrido de amores; que pese a enfadarme con Rústico, la cosa no hubiese pasado a mayores, cosa de la que me habría arrepentido; que mi madre, pese a que iba a morir joven, viviera conmigo sus últimos años; que nunca tuviera problemas en socorrer a quien estuviera falto de dinero; que nunca tuviera que pedir prestado a otro; que mi mujer fuese tan obediente, amorosa y sencilla; el haber tenido buenos maestros para mis hijos; haber recibido en sueños remedios para mis enfermedades, especialmente para no escupir sangre y no tener mareos; que cuando me interesé por la filosofía no cayera en manos de algún sofista ni me aparté con otros para resolver silogismos o dedicarme a los fenómenos del cielo. Todas esas cosas necesitan el auxilio y la fortuna de los dioses. Escrito entre los cuados[91] a orillas del río Gran[92].

---

90 Esclavos que dormían junto a Marco Aurelio cuando era joven. En un sentido amplio, se refiere a no haber mantenido relaciones sexuales con esclavos.
91 Pueblo germánico situado al norte del río Danubio.
92 Afluente del río Danubio.

ÍNDICE

Guía para ser Feliz
siguiendo las *Meditaciones* de Marco Aurelio.

BIBLIOGRAFÍA

CAPPELLETTI, A. J. *Los estoicos antiguos: Zenón de Citio. Introducción, traducción y notas.* Editorial Gredos, 1996.

CASAUBON, Meric. *Marcus Aurelius Antoninus. His meditations concerning himselfe.* Londres, 1692.

DAZA MARTÍNEZ, Jesús. *Ideología y política en el emperador Marco Aurelio.* Universidad de Alicante, 1984.

DÍAZ DE MIRANDA, Jacinto. Los *doce libros del emperador Marco Aurelio traducidos del griego por Jacinto Diaz de Miranda.* Madrid, 1785.

DOMÍNGUEZ MANZANO, David. *El estoicismo como moral en Vives, el Brocense y Quevedo.* INGENIUM. Revista de historia del pensamiento moderno, nº5, enero-junio, 2011, págs. 105-131.

FARQUHANSON, S. L. *The Medidations of the Emperor Marcus Antoninus.* Clarendon Press, 1944.

IRVINE, William B. A Guide to the Good Life: The Ancient Art of Stoic Joy. Oxford University Press, 2008.

MARCO AURELIO. *Meditaciones. Traducción y notas de R. Bach Pellicer. Introducción y revisión de C. García Gual.* RBA editores, 2019.

PLATÓN. *Platón, Obras completas, edición de Patricio de Azcárate, tomo 3, Teetetes.* Madrid, 1871.

PLATÓN, *Fedón o del alma.*

SÁEZ GEOFROY, Andrés. *La peste Antonina: una peste global en el siglo II d.C. Revista chilena de infectología. Vol. 33, no. 2, Abril de 2016.*

SALA VILLAVERDE, Alicia y VERGARA CIORDIA, Javier. *Estudios sobre educación política. De la Antigüedad a la Modernidad, con un epílogo sobre la Contemporaneidad.* Dykinson, 2019.

SALLES, Ricardo. *Los estoicos y el problema de la libertad.* UNAM, Instituto de Investigaciones Filosóficas, 2006.

SANTOS YANGUAS, Narciso. *Cristianismo y sociedad pagana en el Imperio Romano durante el siglo II.* Universidad de Oviedo, 1998.

TRIANA ORTIZ, Manuel. *La ética kantiana, el epicureismo y el estoicismo.* Revista Estudios, Universidad de Costa Rica, números 14 y 15, págs. 135-140. 1997-1998.

COLECCIÓN TÁNTALO

<u>LIBROS PUBLICADOS</u>

Nº 1: MIGUEL HERNÁNDEZ GILABERT - Opúsculo poético
Antonio Rodríguez Lorca
Nº 2: SUSURROS AL OÍDO DE MI NOCHE - Relatos cortos
José Manuel Serrano Cueto
Nº 3: POEMAS DE AMOR Y LUNA - Poesía
Antonio Rodríguez Morales
Juan Carlos Pedrosa Frende
Nº 4: PLAZAS DE TOROS DE LA PROVINCIA DE CÁDIZ - Ensayo
Francisco Javier Orgambides Gómez
Nº 5: DOS ANDALUCES EN POEMAS Y CANTES (2ª edición)
- Opúsculo poético
Antonio Rodríguez Lorca
Nº 6: LA EDAD TEMPRANA - Ensayo
José Manuel Gutiérrez Fernández
Nº 7: EL SENTIR DE LA VIDA - Poesía y prosa
Emilio Monjas Zorzo
Nº 8: VIVENCIAS DE UN PUEBLO - Relato
Emilio Monjas Zorzo
Nº 9: SORAYA - Poesía
José Manuel Serrano Cueto
Nº 10: TODO POR TI - Poesía
Juan M. Ponce Alegre
Nº 11: ALCANDORAS - Poesía
Antonio Rodríguez Lorca
Nº 12: CÓCTEL DE LUCES Y SOMBRAS - Poesía y prosa
Antonio Rodríguez Lorca
Nº 13: SALA DE ESPERA DEL EXPRESO AL PARNASO (2ª edición) - Poesía
Antonio Rodríguez Lorca
Nº 14: AMISTADES DE EROS - Poesía
Antonio Rodríguez Lorca
Nº 15: POÉTICA DEL BALONMANO (2ª edición) - Poesía
Antonio Rodríguez Lorca
Nº 16: EL TEMPLO DE LOS ESPEJOS - Novela corta
Antonio Rodríguez Lorca
Nº 17: ATARDECERES - Poesía
José María Álvarez Galván
Nº 18: INSISTENCIA SOBRE UN MISMO PUNTO - Novela
Isabel Berdugo Conesa
Nº 19: LOS BESOS DE SELENE Y EL MUNDO QUE NOS RODEA
- Poesía y prosa
Antonio Rodríguez Morales
Nº 20: LA FELICIDAD DEL ALZHEIMER - Novela histórica
Antonio Rodríguez Lorca
Nº 21: LO QUE SUCEDIÓ Y NUNCA VOLVERÁ - Poesía
Antonio Rodríguez Lorca
Nº 22: F. G. LORCA : SU VIDA, SU OBRA Y MI CRÍTICA
Poesía y prosa (en español e inglés)
Autor en español: Antonio Rodríguez Lorca
Traductor al inglés: José Manuel Cano Franco
Nº 23: PRISIONERO DE LA LUNA, EL SOL Y LAS ESTRELLAS FUGACES - Poesía
Antonio Rodríguez Lorca
Nº 24: CHANTAJE, AMOR Y SANGRE - Drama póstumo
Antonio Pérez Guadix

Nº 25: TAN LEJOS Y TAN CERCA. LA RELACIÓN ENTRE CÁDIZ Y EL RÍO DE LA PLATA - Ensayo
Antonio Rodríguez Morales
Nº 26: EL TREN DEL EMIGRANTE Y OTROS RELATOS
- Relatos (Obra póstuma)
Antonio Pérez Guadix
Nº 27: EL TERROR MILENARIO - Novela
Isabel Berdugo Conesa
Nº 28: PRISIONERO DE LA LUNA, EL SOL Y LAS ESTRELLAS FUGACES (6 NARRACIONES PARA MAYORES DE 15 AÑOS)
(2ª Edición) - Prosa
Antonio Rodríguez Lorca
Nº 29: La Destrucción de Tájar (Pieza teatral en 14 momentos) - Teatro
Antonio Rodríguez Lorca
Nº 30: NARRACIÓN DE UNA VIDA ANDALUZA (AUTOBIOGRAFÍA)
Antonio Rodríguez Lorca
Nº 31 : EL SIGLO DE ORO ESPAÑOL - Ensayo
Isabel Berdugo Conesa
Nº 32: DROGA EN LA GUERRA FRÍA - Ensayo
Isabel Berdugo Conesa
Nº 33: PINK FLOYD: VIAJE A LA IMAGINACIÓN - Ensayo
Isabel Berdugo Conesa
Nº 34: RELATOS PARA MIS NIETOS - Relatos
Francisco Martínez Mera
Nº 35: RELATO DE UN DEPRIMIDO - Relato
Antonio Rodríguez Lorca
Nº 36: DESGARROS - Relato
Marpa
Nº 37: TUNDRA - Poesía
Salvador Moreno Díaz
Nº 38: SENUME DEL VIENTO - Poesía
Salvador Moreno Díaz
Nº 39: LAS HIPÉRBOLES ANDALUZAS Y BENIGNO - Novela
Antonio Rodríguez Lorca
Nº 40: HIMNO DE HUETOR TÁJAR
Antonio Rodríguez Lorca
Nº 41: UN BAÚL SIN ZAPATOS - Poesía
Salvador Moreno Díaz
Nº 42: LAS HIPÉRBOLES ANDALUZAS Y BENIGNO (2ª Edición) - Novela
Antonio Rodríguez Lorca
Nº 43: LA FELICIDAD DEL ALZHEIMER (Reedición) - Novela histórica
Antonio Rodríguez Lorca
Nº 44: MIS VERSOS SIN REMEDIO - Poesía
Francisco Martínez Mera
Nº 45: LABERINTOS DE AMOR - Poesía
Salvador Moreno Díaz
Nº 46: VERSIÓN JAPONESA - Poesía
Antonio Jesús Martínez Delgado
Juan Antonio Sevilla Blanco
Francisco Javier Martínez Delgado
Nº 47: UN VIEJO EN LAS ÚLTIMAS - Poesía
Antonio Rodríguez Lorca
Nº 48: LILIPUT Y LA BITÁCORA - Relato
Isabel Berdugo Conesa
Nº 49: LAS HIPÉRBOLES ANDALUZ Y BENIGNO (3ª Edición)
- Novela Histórica
Antonio Rodríguez Lorca
Nº 50: MIRA TÚ POR DONDE - Poesía
Francisco Javier Martínez Delgado
Nº 51: ACUÉRDATE DE HUÉTOR TÁJAR (2ª Edición) - Poesía
Antonio Rodríguez Lorca
Nº 52: HISTORIA DE HUÉTOR TÁJAR - Historia
Antonio Rodríguez Lorca

Nº 80: INSTRUMENTOS DE EJECUCIÓN DE LA PENA DE MUERTE
- Ensayo
Gabriel Rodríguez Morales
Nº 81: ANTOLOGÍA POÉTICA - Poesía
Rosario Ayllón
Nº 82: EL DARDO REBELDE - Reflecuentos (Relatos)
Aziz Amahjour
Nº 83: LA CAJITA DE MÚSICA - Poesía
Almudena Gavala Alustiza
Nº 84: SIGNIFICADO E HISTORIA DE LAS CALLES Y PLAZAS DEL EXTRAMUROS DE CÁDIZ -
Ensayo
Gabriel Rodríguez Morales
Nº85: ¿Me invitas a un cacareo? De Aguadulce a Huerto, pasando por Utopía. CuaderNo de
verdURas y paisajes - Prosa y poesía
Rafael Arauz González
Nº86: ENVUELTA EN POESÍA – Poesía
Rosario Ayllón Luque
Nº87: MANUAL PARA SER FELIZ. ENQUIRIDIÓN DE EPICTETO – Filosofía, autoayuda
Gabriel Rodríguez Morales
Nº88: EN TODO ESTE TIEMPO – Ensayo, poesía, libro de viajes
Rafael Arauz González
Nº89: EL TRAFICANTE PRESO DE AMOR – Novela de ficción
Álvaro Amores Gil
Nº90: CÓMO SER SABIO Y FELIZ SEGÚN SÉNECA. FRASES EXTRAÍDAS DE SUS *CARTAS A
LUCILIO* – Filosofía, autoayuda
Gabriel Rodríguez Morales
Nº91: GUÍA PARA SER FELIZ. SIGUIENDO LAS *MEDITACIONES* DE MARCO AURELIO - Filosofía,
autoayuda
Gabriel Rodríguez Morales